Kitsakis
Zu Gast in Griechenland

Elisabeth und Tassos Kitsakis

Zu Gast in Griechenland

Die Spezialitäten der griechischen Küche

Weingarten

CIP-Kurztitelaufnahme der Deutschen Bibliothek

Kitsakis, Elisabeth:
Zu Gast in Griechenland: d. Spezialitäten d.
griech. Küche / Elisabeth u. Tassos Kitsakis. –
Weingarten: Kunstverlag Weingarten, 1986.
  ISBN 3-8170-0006-5
NE: Kitsakis, Tassos:

© 1986 by Kunstverlag Weingarten GmbH, Weingarten
Satz: Fotosatz F. Riedmayer GmbH, Weingarten
Reproduktion: repro-team gmbh, Weingarten
Gesamtherstellung: gerstmayer + co., Ravensburg
Printed in Germany
ISBN 3-8170-0006-5

An dieser Stelle möchte ich mich ganz herzlich bei meiner Schwiegermutter bedanken, bei der ich stets bereitwillig Auskunft bekomme, und die mich immer in ihre Töpfe gucken läßt und ihre Rezepte an mich weitergibt, sowie bei den vielen Verwandten und Freunden in ganz Griechenland.

Die Mengenangaben in den Rezepten dieses Buches sind in der Regel für vier Personen berechnet. Abweichungen davon sind jeweils im Rezept vermerkt. Die Temperaturangaben sind in Grad Celsius.

Die Autoren haben sich bemüht, für möglichst viele Rezepte verständliche deutsche Namen zu finden. Verschiedene Namen haben sich auch schon eingebürgert. Für die wenigen Gerichte, die wir glaubten nicht übersetzen zu können, haben wir den griechischen Namen beibehalten und bitten dafür um Nachsicht.

Die Schreibweise der griechischen Namen ist rein phonetisch, um der Aussprache in Griechenland möglichst nahezukommen. Die sich daraus ergebenen Abweichungen zur normalen Transkription sollten im Hinblick auf das Klangbild hingenommen werden.

Inhalt

Vorwort

Wir haben uns daran gewöhnt, daß die feine Küche aus Frankreich kommt. Auch die italienische Küche erfreut sich bei uns großer Beliebtheit, ist sie doch leicht und bekömmlich und doch raffiniert in der Speisefolge.

Im Laufe der Jahrhunderte entstanden in Europa viele regionale und nationale Küchen mit ihren unverwechselbaren Eigenheiten. Doch haben alle diese Küchen einen gemeinsamen Ursprung: Die Wiege unserer heutigen Kochkunst steht in Griechenland. Man kochte dort vor mehr als 2500 Jahren, als im übrigen Europa daran überhaupt noch nicht zu denken war, bereits schmackhafte Speisen. Das Essen wurde mit vielen Zutaten und Gewürzen verfeinert. Zum Teil wurde das Würzen so übertrieben, daß man nicht mehr schmecken konnte, was man eigentlich aß. Es entwickelte sich unter den wohlhabenden Bürgern ein regelrechter Wettbewerb, welches Haus den besten Koch hatte. Es gab also schon Berufsköche und die standen in hohem Ansehen. Berühmte Köche im antiken Griechenland konnten fordern was sie wollten, es wurde ihnen bezahlt.

Das gelang ihnen jedoch nur so lange, wie sie ihre Rezepturen für sich behalten konnten. Als die Festessen immer umfangreicher wurden und den Köchen Sklaven als Gehilfen beigegeben wurden, konnten manche Rezepturen aufgeschrieben und weitergegeben werden.

Auf jeden Fall mußten sich die damaligen Köche strengen Prüfungen unterziehen, um als Küchenchef anerkannt zu werden.

Als die Macht Griechenlands von den Römern gebrochen wurde, nahmen diese vieles aus Griechenland mit nach Rom. Darunter auch die griechischen Köche. Es dauerte nicht lange, und die griechische Küche breitete sich im alten Rom aus, wie vorher in Griechenland. Auch hier wurden die Köche wieder berühmt und teuer.

Unter dem Einfluß Roms breitete sich die Art zu speisen in ganz Europa aus.

Als Roms Macht durch die Germanen gebrochen wurde, erkannten auch diese den Wert einer gepflegten Küche und übernahmen sie sehr schnell. Auch die Türken des großen Osmanischen Reiches profitierten von der griechischen Küche. Nach ihrer Besetzung Griechenlands, die bekanntlich Jahrhunderte dauerte, übernahmen sie nicht nur die griechische Küche, sondern auch viel von den Lebensgewohnheiten der Griechen. Die ursprünglichen Nomaden wurden zusehends seßhaft.

In all den Jahrhunderten entwickelten sich die einzelnen Eß- und Kochgewohnheiten natürlich weiter und es entstanden die schon oben erwähnten Landesküchen. Doch es kam mir hier darauf an, den Ursprung aufzuzeigen.

Natürlich hat sich auch die griechische Küche des Altertums in Griechenland nicht unverändert erhalten. Auch hier hat die Neuzeit einiges verändert. Doch spielt auch im heutigen Griechenland die Küche eines Hauses eine größere Rolle als bei uns. Die Küche ist das Refugium der Hausfrau, die ihr Können stets an die Tochter weitergibt. Auch heute noch ist Griechenland mehr Männergesellschaft als die übrigen Mittelmeerstaaten, von Mittel- oder Nordeuropa mal ganz abgesehen.

Die geografische Nähe des Orients ist bei den Griechen nicht zu leugnen. Wie bei allen Menschen des mediteranen Raumes ist Essen mehr als nur Nahrungsaufnahme.

Es ist Grund zur Geselligkeit, zum Beisammensein. Deshalb dauert die Mahlzeit am Abend auch meist länger als bei uns. Die Pausen zwischen den einzelnen Gängen werden zu angeregten Gesprächen genutzt. Verschiedene Vorspeisen sind zu jedem Essen obligatorisch, selbst wenn das Hauptgericht nicht immer ein Festessen ist.

Ich hoffe, Sie finden auf den nachfolgenden Seiten genügend Anregungen für einen oder mehrere griechische Abende mit guten Freunden oder mit der Familie.

Dazu wünsche ich Ihnen schon jetzt guten Appetit oder wie man in Griechenland sagt: kali orexi

Über das Essen in Griechenland

Über das Essen in Griechenland zu schreiben ist das einfachste und gleichzeitig schwierigste Unterfangen, das man sich vorstellen kann. Unzählig sind die Begegnungen, zuviel die Ereignisse, die Personen. In sehr vielen Orten waren wir zu Gast und haben uns oftmalig stundenlang mit den Gastgebern über ihre Küche und Kochkünste unterhalten. Überall gab es etwas Neues, etwas, was anders war als anderswo. Ein Geschmack, ein Gewürz, etwas aus dem Orient, wie man es in vielen Tavernen in Athen und Piräus finden kann oder etwas aus dem Occident wie z. B. in der Küche von Korfu. Die lebendigsten Erinnerungen stammen, wenn ich mir das alles überlege, nicht von großen Tafeln und Feiern sondern von den kleinen, leisen Begegnungen, vom einfachen Essen in einem Kloster hoch auf dem Kitheronas Gebirge, in dem für uns eine saubere und in der Sommerhitze angenehm kühle Klosterzelle wartet, wenn wir in der Gegend sind. Die freundlichen Nonnen, die uns seit Jahren kennen, kochen eine einfache aber schmackhafte Hausmannskost. Eine Suppe, ein paar Oliven, etwas Käse, Brot und Wein. Aber welche Freude empfinden wir jedesmal, wenn wir nach einem anstrengenden, heißen Tag in der fast tausendjährigen Kirche des Klosters die Vesper verfolgen dürfen und danach in der Abgeschiedenheit des Berges unsere einfache Mahlzeit genießen. Über uns der griechische Sternenhimmel und rundherum nur das Singen der Zikaden.

Sehr oft denke ich auch an eine andere Begegnung. Es war in Arta in der Nähe der berühmten Arta-Brücke. Der Überlieferung nach konnte die Brücke erst gebaut werden, als der Baumeister sich bereit erklärte, seine junge Frau in einem der Pfeiler einmauern zu lassen.

Ein Gedicht über diese grausige aber wohl unwahre Geschichte ist in jeder griechischen Grundschule Pflichtlektüre.

Die Architektur der Brücke ist auf jeden Fall einen Besuch Wert, und so verließen wir bei Arta die Nationalstraße und bogen in den Ort ein. Da es noch sehr heiß war, und die Sonne hoch am Himmel stand, beschlossen wir bei einem kleinen Café, gleich am Ortseingang, unweit der Brücke eine Pause einzulegen. Es war ein typisch griechisches Café, der Laden bestand aus einem kleinen Raum mit einem Kühlschrank, einer Kochnische und einem kleinen Tisch. Die Tische für die Gäste waren draußen unter Platanen verteilt, das Café ist daher nur im Sommer geöffnet.

Bewirtschaftet wurde das Geschäft von einer Frau in dunkelgrauem Kleid, was in Griechenland auf eine verwitwete Frau schließen läßt. Sie grüßte freundlich und brachte uns gleich frisches kaltes Wasser. Wir bestellten zwei Ouzo mit Meze. Meze (Mese ausgesprochen) sind kleine Begleitspeisen zum Getränk, meist etwas Fetakäse, ein paar Oliven, Wurst, Dolma oder was immer vorhanden ist. Die Frau schaute uns mit traurigem Blick an und entschuldigte sich, daß das Geschäft nur Getränke bereithalte und keinerlei Speisen. Wir sagten ihr, daß es uns nicht so sehr darauf ankomme, und daß wir mit dem Ouzo allein genauso zufrieden wären. Sie ging in den Laden zurück. Kurz darauf kam sie wieder heraus und ging zu einem Haus nebenan, dessen Schlüssel sie bei sich trug. Dort blieb sie ein paar Minuten und kam dann mit einem Teller heraus, den sie uns brachte. Darauf hatte sie aus ihrer eigenen Küche einige Mezedes zubereitet, weil sie ihren ortsfremden Gästen nicht den Wunsch abschlagen wollte.

Wir waren im Lande des Xenios Zeus.

Die ersten Begegnungen mit der griechischen Küche habe ich im Hause meiner Schwiegereltern in Athen gehabt. Dort habe ich die Zutaten und Gewürze kennen-gelernt, und dort habe ich auch die ersten Kochversuche mit Hilfe meiner Schwieger-mutter unternommen. Das Eigenartige dabei war, daß mir die griechische Küche von Anfang an nicht fremd vorgekommen ist. Das mag daran gelegen haben, daß man in Griechenland nicht die große komplizierte Küche französischer Herkunft bevorzugt, obwohl sie natürlich bekannt ist, sondern nach wie vor die überlieferte Landesküche liebt.

Eine in unseren Breiten sehr oft gehörte Meinung bringt die griechische Küche in die Nähe der Küche des Balkans. Das ist jedoch ein sehr großer Irrtum, denn in der griechi-schen Küche bekommen die starken Gewürze nie die Oberhand. Die Unmengen von rohen Zwiebeln sind, wenn sie irgendwo vorkommen, auch für die Griechen ein Zeichen von schlechter Küche. Gerade das feine Ausbalancieren der Gewürze ist eine Besonderheit der griechischen Küche.

Griechischer Kaffee

Die Zubereitung des Kaffees ist in Griechenland eine sehr individuelle Sache, da jede Tasse eigentlich einzeln zubereitet wird.

Der Kaffee ist zu allen Tages- und Nachtzeiten ein beliebtes Getränk. Richtig zubereitet schmeckt der griechische Kaffee sehr aromatisch und verursacht keine Schlaflosigkeit. Voraussetzung dafür ist allerdings, daß der Kaffee langsam zum Kochen gebracht wird. Deswegen wird er in einem Gefäß (Briki) zubereitet, welches eine konische Form hat. Dieses Gefäß stellt man in die heiße Asche einer Feuerstelle, so daß es keinen direkten Kontakt zum Feuer hat. Wasser, Kaffee und Zucker gibt man gleichzeitig in das Kännchen und unter gelegentlichem Rühren läßt man den Kaffee sehr langsam auf- kochen. Wenn der Kaffee zum Rand der Kanne steigt, kurz vom Feuer nehmen, bis sich der Schaum wieder gesetzt hat. Den Vorgang am besten 2–3 mal wiederholen. Diese Prozedur dauert ca. 8–10 Minuten. Der Kaffee wird so eingegossen, daß die dicke Haut (Kaimaki) oben auf der Tasse sitzt.

Früher gab es in jedem griechischen Kafenion eine große Feuerstelle, in welcher der Kaffeehausbesitzer (Kafetzis) frühmorgens Feuer machte, damit er für den Tag genügend heiße Asche hatte.

Wegen der langen Zubereitungszeit benötigte er ein großes Sortiment an Brikis.

Aber auch in Griechenland ist Kaffee nicht gleich Kaffee. Es gibt sehr viele Arten der Zubereitung. Sie werden unterschieden durch die Menge Kaffeepulver und Zucker, die jeweils für eine Tasse Kaffee in das Wasser kommt und dadurch, wie kurz oder lang der Kaffee kocht.

Insgesamt zählt man sicher über 50 Zubereitungsarten.

Leider hat auch in Griechenland der Massentourismus der guten alten Kaffeezu- bereitung ein Ende gesetzt, so daß man den traditionellen Kaffee nur noch auf dem Lande, weit ab von den Touristenpfaden finden kann.

Die häufigsten Zubereitungsarten sind:
glikos (sehr süß), metrios (mittel), sketos (ohne jeglichen Zucker), variglikos (stark und süß), gliki vrastos (süß und lange gekocht), etc.

Über den Wein der Griechen

Der Wein der alten Griechen würde uns heute nicht schmecken. Er war *stifnos* (stumpf) und zur Geschmacksverbesserung wurden ihm wohlriechende Kräuter beigegeben. So ist es auch zu verstehen, daß der Wein sehr oft als Medizin verwendet wurde, so z.B. gegen Tetanus, zur Reinigung von Wunden und auch gegen Schlangenbisse.

Der Wein ist eng verbunden mit einem der ältesten Abenteuer der Menschheit, der Sintflut. In der Genesis ist überliefert, daß Noah sofort nach der Sintflut Reben gepflanzt hat. Über die Herkunft des Weines ist jedoch nichts bekannt. In den frühen Stunden der Geschichte taucht der Wein bei den Griechen und den Ägyptern auf, als wäre er immer schon dagewesen. Die Ägypter brachten ihn mit Osiris in Verbindung, die Griechen mit Bacchus.

Zu diesen Zeiten galt bereits der griechische Wein und der Wein der Römer als *göttlicher Trunk, zur Freude der Dichter* (Horatius). Kein Wunder, daß die Bedeutung der *Ware* Wein für den Handel sehr früh entdeckt wurde. Die Griechen als gute Händler waren als erste dabei, die Römer folgten ihnen. Beide gründeten rund um das Mittelmeer Handelsagenturen, in denen Weine gegen Sklaven getauscht wurden. Dabei galt eine Amphore als unterste Preisstufe. Der Handel muß floriert haben, nach der Anzahl der Amphoren zu urteilen, die heute noch in dem Raum gefunden werden. Daß gallische Händler später auf die Idee kamen, den Wein bei sich direkt zu pflanzen, um den beschwerlichen Transport zu umgehen, ist eine andere Geschichte.

Die Griechen haben ihren eigenen Wein bis zur heutigen Zeit weitergepflegt und entwickelt, das Resultat ist eine Fülle von guten bis hervorragenden Weinen aus allen Gebieten des Landes. Jeder dieser Weine besitzt seine Eigenschaften, so z.B. der charakteristische Retsina aus Attika, der berühmte Kokineli (Roter) von Arachova bei Delphi, die schweren erdigen Rotweine aus der Gegend von Naoussa und Veria im Norden des Landes oder die ausgezeichneten Weine aus Kreta, welche allerdings nur auf der Insel selbst so gut schmecken.

Eine immer wiederkehrende Frage betrifft den wohl bekanntesten griechischen Wein, den Retsina. Seinen Namen und den charakteristischen Geschmack hat er durch die Zugabe von frischem Pinien-Harz, das dem gärenden Wein beigegeben wird. Wie kommt man aber auf die Idee, gärendem Wein, Harz beizumischen. Es scheint, wir haben es hier mit einer glücklichen Mischung verschiedener Vorgänge zu tun. Der im Attikagebiet seit der Antike am meisten verbreitete Baum, neben dem Olivenbaum, ist die Pinie. Es liegt nahe, daß die ersten Weinfässer, genau wie die Flotte der Athener übrigens, aus diesem Holz gefertigt wurden. Da das Holz frisch verarbeitet wurde, ist relativ viel Harz durch den Wein aufgenommen worden. Es ist möglich, daß die Menschen Gefallen an dieser Art von Wein gefunden haben, und daß irgendein tüchtiger Weinbauer (die gab es damals schon) auf die Idee kam, anstatt jedes Jahr neue Fässer aus frischem Holz (wegen des Harzes) bauen zu lassen, das Harz direkt dem Wein beizugeben. Tatsache ist jedenfalls, daß Harz, das bereits von Äskulap als Heilmittel (antibakteriell und antiseptisch) verwendet wurde, auch den Wein haltbar macht.

In alten Amphoren, die man in unserer Zeit fand und die Wein enthielten, konnte einwandfrei Harz nachgewiesen werden. Wenn man, wie eingangs erwähnt, bedenkt, daß der Wein und das Harz als Medizin mit gleichen Eigenschaften verwendet wurden, dann schließt sich der Kreis und es ist sehr wahrscheinlich, daß beide Faktoren bei der Entstehung dieses Göttergeschenkes eine Rolle gespielt haben.

Is Ygian (zum Wohl).

Oliven

In geschichtlich kultureller, wie in wirtschaftlicher Hinsicht hat der Olivenbaum für die Griechen schon immer eine besondere Bedeutung. Sowohl in der Antike, als auch im Christentum spielt das Öl bei kultischen und religiösen Handlungen eine Rolle. Die Olympioniken erhielten als Auszeichnung einen Kranz aus Olivenzweigen. Durch ihr Geschenk an die Stadt, einen Olivenbaum, hat Athene, als Schutzgöttin Athens, ihren Rivalen Poseidon ausgestochen.

Der Olivenbaum ist in Griechenland der meistverbreitetste Nutzbaum. In fast jeder Region des Landes trifft man auf kleinere oder größere Olivenhaine. So unterschiedlich wie die Landschaft, sind auch die Oliven. Wenn man über einen griechischen Markt geht, findet man eine Fülle verschiedener Olivensorten. Meist tragen sie den Namen der Regionshauptstadt aus der sie kommen. Es gibt sie von grün, wenn sie unreif eingelegt werden, über alle Farbtöne von hellgrau bis dunkelblau/schwarz wenn sie vollreif verarbeitet werden.
Hervorragend als Vorspeisen eignen sich die Kalamata-Oliven. Man sollte es aber nicht versäumen, auch andere Sorten zu probieren.
Ein sehr großer Teil der griechischen Olivenernte wird zu Öl verarbeitet, das eine hohe Qualität hat und sehr viel in der griechischen Küche verwendet wird.

Vorspeisen und Salate
Mesedes ke salates

In der griechischen Küche reichen die sogenannten Vorspeisen *(Mesedes)* oft ohne Hauptgericht schon aus, um auch den verwöhntesten Esser zu befriedigen.

Zu den *Mesedes* gehören u.a. *Dolmades*, gefüllte Weinblätter, *Satziki*, Gurken in Joghurt, *Keftedes*, kleine Fleischkugeln, Fetakäse, Oliven, gebratene Auberginen- und Zucchinischeiben, Muscheln, Sardellen, Oktopus, Taramosalat und vieles mehr.

Es gibt beispielsweise in Piräus eine alte Taverne, in der man den ganzen Tag über eine Auswahl von mindestens 60 verschiedenen *Mesedes*, immer frisch zubereitet, bekommen kann. Dazu ißt man Brot und trinkt *Ouzo*, einen Anisschnaps – das griechische Nationalgetränk!

Zum eigentlichen Essen wird meist *Retsina*, ein geharzter Landwein getrunken. Anfangs ist der Geschmack etwas befremdlich, man sollte aber nicht vorzeitig kapitulieren, denn spätestens nach dem zweiten Glas schmeckt er schon ausgezeichnet. Es wird übrigens gesagt, daß das Ja oder Nein eines Fremden zum Retsina anzeigt, ob Griechenland ihn angenommen hat oder nicht. Und wenn Sie trotz allem Retsina nicht mögen, so gibt es noch viele ungeharzte griechische Weine.

Die Griechen trinken sehr gerne auch Bier zum Essen. Dies ist wohl das Vermächtnis ihres bayerischen Königs Otto, der eigens einen Braumeister in das Land der Hellenen mitbrachte.

Radikia vrasta salata

Löwenzahn
Olivenöl, Zitronensaft

Löwenzahnsalat

Die Blätter verlesen und waschen. Etwa 15 Minuten in Salzwasser kochen. Gut abtropfen lassen und mit Olivenöl und Zitronensaft übergießen.
Zu gebratenem Fisch oder Fleisch servieren.

22

Gemischter Salat (griech. Sommersalat)

Aus Öl, Essig, Salz und Pfeffer und Oregano eine Soße rühren. Die anderen Zutaten in eine Schüssel geben und mit der angerührten Soße übergießen. Mit den schwarzen Oliven und dem Schafskäse garnieren.

Choriatiki salata

2–3 Tomaten in Scheiben geschnitten
1 Salatgurke in Scheiben geschnitten
1 kleine Zwiebel in Ringe geschnitten
1–2 grüne Peperoni in Ringe geschnitten
Öl, wenig Essig, Salz, Pfeffer, Oregano
15–20 schwarze Oliven
200 g Schafskäse

Gurken-Tomatensalat

Die Tomaten- und Gurkenscheiben in eine Schüssel geben oder auf einer Platte anrichten. Aus Öl, Zitronensaft, Salz und Pfeffer und Oregano eine Soße rühren und über den Salat gießen.

Angourotomatasalata

2 Fleischtomaten in Scheiben geschnitten
1 Salatgurke geschält und in Scheiben geschnitten
1 kleine Zwiebel in Ringe geschnitten
Olivenöl, Zitronensaft
Oregano, Salz, Pfeffer

Auberginen-Salat

Die Auberginen bei mittlerer Hitze etwa 1 Stunde im Backofen backen, bis die Schale braun und das Innere weich ist. Dadurch bekommt der Salat den Rauchgeschmack. Von den Auberginen, solange sie noch heiß sind, die Schale entfernen und das Fruchtfleisch mit dem Mixer oder im Mörser pürieren, dann Knoblauch, Öl, Essig, Zwiebel, Salz und Pfeffer zugeben.
In einer Schüssel anrichten und mit schwarzen Oliven garnieren.
Zu Weißbrot servieren.

Melitsanosalata

3 Auberginen
1 kleine Zwiebel gerieben
2 zerdrückte Knoblauchzehen
1 dl Olivenöl
1 EL Essig
Salz, Pfeffer

Bohnensalat aus weißen Bohnen

Die Bohnen am Vorabend einweichen und am nächsten Tag in Salzwasser weichkochen. Die kleingehackte Zwiebel kurz mit kaltem Wasser abspülen und gut abtropfen lassen. Mit der Petersilie und den Bohnen vermischen und mit einigen Oliven garnieren. Mit einer Mischung aus Olivenöl und Essig anrichten.

Fasolia salata

250 g weiße Bohnen (größte Sorte)

für die Salatsoße:
1 dl Olivenöl
Essig nach Geschmack
1 kleine, feingehackte Zwiebel
etwas gehackte Petersilie

zum Garnieren:
einige Oliven

Maroulosalata

1 Staude Römersalat
ersatzweise Eisberg-Salat
1 Zwiebel
Olivenöl, Zitronensaft
Salz

Römer-Salat Romana (in der Schweiz Lattich)

Den Salat waschen und in schmale Streifen schneiden (wie bei Endivien). 1 Zwiebel in feine Ringe schneiden und beifügen. Salz darüberstreuen und eine Mischung aus Öl und Zitronensaft darübergießen.

Satziki

1 Salatgurke
6–8 Becher Joghurt (aus Vollmilch)
1 dl Öl
Salz, Pfeffer
2–3 Knoblauchzehen

Gurkensalat mit Joghurt (6 Personen)

Die Gurke schälen und in kleine Würfel schneiden oder grob raspeln. Den Joghurt in ein feines Sieb geben und gut abtropfen lassen. Knoblauchzehen zerdrücken und mit den übrigen Zutaten mischen. Den fertigen Salat mindestens eine Stunde in den Kühlschrank stellen.
Satziki reicht man zu Dolmadakia, gegrilltem Fleisch, gebratenen Auberginen oder Zucchini.

Taramosalata

100 g Tarama (Fischeier)
1 altbackenes Brötchen
2 dl Olivenöl
Saft von 1–2 Zitronen
1 Zwiebel gerieben (nach Geschmack)

Salat aus Fischrogen

Das Brötchen einweichen, ausdrücken und mit dem Tarama in einem Holzmörser mischen, bis eine homogene Masse entsteht. Langsam das Olivenöl, den Zitronensaft und eventuell die Zwiebel beifügen, bis alles zu einer leichten Creme wird.
Den Taramasalat in einer Schüssel anrichten, mit Oliven und Petersilie garnieren und zu Weißbrot reichen.

Kounoupidi vrasto Salata

1 Blumenkohl
1 EL Essig
Olivenöl
Zitronensaft

Blumenkohlsalat (6 Personen)

Den Blumenkohl waschen und den Stiel abschneiden. In Salzwasser mit Essig gar kochen. Abtropfen lassen. Warm oder kalt servieren. Mit Öl und Zitronensaft übergießen.

Anginares salata

8 bis 10 Artischocken
1 dl Olivenöl
Saft von 2 Zitronen
Salz und Pfeffer
Petersilie

Artischocken Salat

Die Artischocken wie im Kapitel „Artischocken allgemein" beschrieben vorbereiten. Zum Abtropfen setzt man sie umgedreht auf eine Platte. Dann im Wasser mit Salz und Zitrone garen, gut abtropfen lassen und auf einer Platte anrichten. Aus Olivenöl, Zitronensaft, Salz und Pfeffer eine Soße zubereiten und über die Artischocken geben, mit Petersilie garnieren.

Kounoupidi tighanito

1 Blumenkohl
Salz
2 verquirlte Eier
1 dl Milch
2 EL Butter geschmolzen
Pfeffer
Olivenöl zum Backen

Gebackener Blumenkohl

Den Blumenkohl in Röschen zerteilen, in Salzwasser kochen, bis sie halbweich sind, gut abtropfen und abkühlen lassen. Aus dem Mehl, den Eiern, der Milch, der Butter und dem Pfeffer einen Teig bereiten. Die Blumenkohlröschen in den Teig tauchen und schwimmend in heißem Öl backen. Heiß servieren!

Tiropitakia

200 g Schafskäse (Feta)
1–2 Eigelb
Petersilie gehackt
Pfeffer
etwas Milch
600 g Blätterteig
2–3 EL Margarine oder Butter
geschmolzen

Käsekuchen-Dreiecke

Den Blätterteig dünn ausrollen auf etwa 30 x 20 cm. Dann in Streifen von 5–6 cm mal 20 cm schneiden.
Den Käse, das Eigelb, Pfeffer und gehackte Petersilie mit soviel Milch vermischen, daß eine homogene Masse entsteht. Jeden Teigstreifen mit geschmolzener Butter einpinseln und auf das Teigende je einen Teelöffel von der Käsemasse geben und so falten, daß ein Dreieck entsteht.
Die Käse-Dreiecke auf ein gefettetes Blech legen und mit geschmolzener Butter bepinseln.
ca. 15 Minuten bei 175° goldgelb backen.
Ergibt ca. 40 Stück.

Gharides psites

1 kg Krabben
Zitronensaft

Krabben gegrillt

In Griechenland findet man auch Krabben in einer Größe von ca. 15 cm Länge und etwa 2 cm im Durchmesser, die „Kasavides" genannt werden. Sie werden mit Vorliebe gegrillt gegessen.
Die Krabben werden in der Schale gewaschen, abgetrocknet und auf dem Grill von allen Seiten knusprig gebraten. Sie werden mit Zitronensaft serviert.

Gharidakia

1 kg Krabben
Oliven

Für die Marinade:
Olivenöl
Zitronensaft

Krabben gekocht

Die Krabben in der Schale waschen und anschließend in kochendes Salzwasser geben. Das Wasser soll die Krabben zur Hälfte bedecken. Nach etwa 10 Minuten vom Feuer nehmen und im Kochwasser abkühlen lassen. Dann aus dem Wasser nehmen und abtropfen lassen. Auf einer Platte oder portionsweise anrichten. Man reicht dazu eine Marinade aus Olivenöl mit Zitronen und Oliven.
Als Vorspeise zu einem Glas Ouzo sind sie besonders gut.

Gebratene Leber (4–5 Personen)

Die Leber in große Würfel schneiden. Das Öl in einer Pfanne erhitzen, die Leberstücke 5 Minuten anbraten. Salz, Pfeffer, Oregano und den Zitronensaft beifügen und alles noch ca. 10 Minuten braten lassen. Mit der gehackten Petersilie bestreut noch heiß servieren.

Sikotakia tighanita

500 g Leber vom Lamm oder Rind
Olivenöl zum Braten
Salz, Pfeffer, Oregano
Saft von 1–2 Zitronen
viel gehackte Petersilie

Gebratene Auberginen

Die Auberginen waschen, in Scheiben schneiden und salzen. Etwa 1 Stunde ruhen lassen. Die Scheiben in Mehl wenden und in Öl braten oder in Teig tauchen und schwimmend in Öl goldgelb braten. Gut abtropfen lassen und mit Salz bestreuen. Entweder natur, mit Tomatensoße oder Scordalia (Knoblauchsoße) servieren.

Melitsanes tighanites

1 Aubergine pro Person
Salz
Mehl oder Teig wie beim Blumenkohl
Olivenöl zum Braten

Gebratene Zucchini

Die Zucchini waschen und in feine Scheiben schneiden. In Mehl wenden und in heißem Öl goldgelb braten, salzen. Mit Reis und Joghurt oder Scordalia oder Tomatensoße servieren.

Kolokithakia tighanita

1 kg mittelgroße Zucchini
Salz
Mehl
Olivenöl zum Braten

Mini-Rouladen

Das Rouladenfleisch in ca. 3 cm breite Streifen schneiden. Aus den geschälten und zerkleinerten Tomaten, den Wacholderbeeren oder Nelken und dem Öl eine Tomatensoße herstellen.
Aus dem Schafskäse, der Petersilie, Salz und Pfeffer eine Füllung rühren, damit die Fleischstreifen belegen und aufrollen, mit einem Zahnstocher zu Mini-Rouladen zusammenstecken. In der Tomatensoße kochen lassen, bis das Fleisch gar ist.

Kokinisto moskarino

2 Scheiben Rouladenfleisch

Füllung:
gehackte Petersilie
100 g Schafskäse, Salz, Pfeffer

Soße:
500 g Tomaten
Wacholderbeeren oder ganze Nelken nach Geschmack

Eier-Gerichte
Avga

Avga me tomates

125 g Butter oder 1 dl Öl
1 mittelgroße Zwiebel feingehackt
750 g Tomaten geschält und geschnitten
Salz, Pfeffer, Oregano
5–6 Eier je nach Größe
½ TL Zimt
1 ganze Nelke

Eier mit Tomaten

In einer großen Pfanne das Fett erhitzen und die Zwiebel anbraten. Die zerkleinerten Tomaten und die Gewürze zugeben, auf kleinem Feuer kochen lassen, bis die Flüssigkeit eingekocht ist (ca. 30 Minuten). Die Eier schlagen und unter die Tomaten in die Pfanne rühren, etwa 5 Minuten leicht weiterkochen lassen.
Heiß servieren!

Omeletta anixiatiki

50 g Butter
2 mittelgroße Zwiebeln feingehackt
Dill gehackt
Salz, Pfeffer
6 Eier
Petersilie zum Bestreuen

Frühlingsomelett

Die Zwiebeln in der Butter weichdünsten. Dill, Salz, Pfeffer und die verrührten Eier beifügen. Bei schwachem Feuer langsam stocken lassen, mit einer Gabel immer zur Mitte ziehen, damit der ungekochte Teil gar wird. Die Pfanne zudecken und noch 2 Minuten ohne Feuer stehenlassen.
Auf eine Platte gleiten lassen und mit der gehackten Petersilie bestreuen.
Sofort servieren!

Teigpasteten
Pites

Spanakopita

300 g Blätterteig (tiefgekühlt)
1 kg Blattspinat frisch
40 g Butter/Margarine
1 kleine Zwiebel feingehackt
Salz, Muskatnuß, Pfeffer
200 g Fetakäse (Schafskäse)
1 Eigelb
2 EL Milch
feingehackte Petersilie

Spinatkuchen

Der Spinat wird verlesen und mehrere Male gründlich gewaschen. Butter in einem Topf zerlassen, die feingeschnittene Zwiebel darin erhitzen, bis sie gelblich ist. Dann gibt man den Spinat hinzu und dünstet ihn kurz bei geschlossenem Topf. Dann den Deckel abnehmen, den Spinat ausdampfen und abkühlen lassen. Der Spinat wird mit Salz, Muskat und Pfeffer abgeschmeckt.

Den Fetakäse mit der Milch, dem Eigelb, der Petersilie, Pfeffer und etwas geriebener Muskatnuß mit einer Gabel zu einer homogenen Masse verarbeiten (darf nicht zu flüssig werden). Die Mischung unter den abgekühlten Spinat geben. Eine feuerfeste Form (ca. 20 x 30 cm) buttern.

Den Teig ausrollen, halbieren und mit der einen Hälfte die Form auslegen. Die zweite Hälfte für den Deckel zurückbehalten.

Die Füllung auf den Teig geben und gleichmäßig verteilen. Den Teigdeckel darüberlegen und die Ränder mit Eiweiß oder Wasser festkleben. Den Deckel sticht man nun reichlich mit einer Gabel ein, damit die Feuchtigkeit beim Backen entweichen kann. Mit evtl. verbleibenden Teigresten kann man den Kuchen noch dekorieren. Bevor man die Form in den Ofen gibt, befeuchtet man die Oberfläche noch mit etwas Wasser, damit der Kuchen nicht aufbläht.

Ca. 40–50 Minuten bei 175° backen. Etwas abkühlen lassen. Kann warm oder kalt gegessen werden.

Fleischkuchen

Das Fleisch in einen Topf mit der Hälfte der Margarine und den Zwiebeln geben und unter Rühren anbraten. Die Tomaten, die Petersilie, den Zimt, Salz und Pfeffer dazugeben und bei schwacher Hitze kochen lassen, bis sich die Flüssigkeit reduziert. Indessen das Paniermehl in eine Schüssel zu der Milch geben und etwas ziehen lassen. Das Fleisch vom Feuer nehmen, das Paniermehl in der Milch zu einem flüssigen Brei verarbeiten und unter das Fleisch ziehen, die Zimtstange aus der Soße herausnehmen.
Die Eier mit dem Käse verrühren (leicht schlagen) und in das Fleisch geben, gut mischen.
Eine feuerfeste, ca. 20 x 30 cm große Form ausbuttern. Den Teig ausrollen und die Form damit auslegen, ein Stück, in Größe der Form, als Deckel zurückbehalten. Die Füllung gleichmäßig auf den Teig verteilen und mit dem Teigdeckel schließen. Die Ränder mit Wasser oder Ei festkleben. Mit einem Messer werden auf den Teigdeckel die Spuren der späteren Teilung geritzt (nicht schneiden). Den Deckel mit etwas geschmolzener Butter und etwas Wasser beträufeln und bei mittlerer Hitze (ca. 180°) während 30 bis 40 Minuten im Backofen backen. Vor dem Schneiden 30 Minuten ruhen lassen.

Käse-Pastete

Den Fetakäse mit einer Gabel zerdrücken. Die Butter erhitzen, das Mehl nach und nach dazugeben und rühren, bis die Masse glatt ist. Unter ständigem Rühren die heiße Milch dazugeben, mit Salz und Pfeffer abschmecken und bis zum Eindicken der Soße schwach kochen lassen. Man nimmt sie vom Feuer, rührt die Soße, bis sie abgekühlt ist und mischt sie mit dem Käse. Die Eier leicht schlagen und mit der Soße und dem Käse gut mischen. Eine feuerfeste Form (ca. 25 x 30 cm) ausbuttern, mit der Hälfte des Teiges bis zum Rand auslegen und mit flüssiger Butter bestreichen.
Man füllt die Form mit der Füllung gleichmäßig und deckt mit dem restlichen Teigblatt das Ganze ab. Mit Butter bestreichen und mit etwas Wasser beträufeln. Man ritzt die Oberfläche in Portionsgröße an (nicht einschneiden!).
Bei mittlerer Hitze ca. 45 Minuten backen. Die Käse-Pastete wird noch warm geschnitten und serviert.

Pita me kima

900 g Hackfleisch
2 Zwiebeln feingehackt
100 g Margarine
500 g Tomaten geschält und zerkleinert
1 EL Petersilie gehackt
1 Stück Stangenzimt
4 dl Milch
60 g Paniermehl
5 Eier
100 g Hartkäse gerieben
300 g Blätterteig
Salz, Pfeffer

Tiropita

300 g Blätterteig
650 g Fetakäse
7 Eier
4 dl Milch
125 g Mehl
125 g Butter
Salz, Pfeffer
etwas heiße Butter für den Teig

Chilopites

400 g Mehl
4 Eier
1 TL Salz
1 EL Olivenöl

Griechische Teigwaren

Mehl auf ein Backbrett sieben, eine Vertiefung in der Mitte machen und nach und nach die Eier unterrühren, Salz und Öl dazugeben. Alles zu einem glatten, elastischen Teig verarbeiten. In einem Küchentuch eingewickelt ca. 30 Minuten ruhen lassen.

Den Teig in mehrere Stücke teilen. Alle so dünn wie möglich auswallen (mit einer Nudelmaschine geht es leichter und schneller). Anschließend den Teig in ca. 1 cm breite Streifen schneiden (Bandnudelbreite). Auf ausgebreiteten Tüchern leicht trocknen lassen, und bevor sie ganz hart sind, in Querrichtung schneiden, so daß es kleine Quadrate ergibt.

Die Chilopites während 4–5 Tagen gut trocknen lassen. In gut verschließbaren Dosen oder Gläsern aufbewahren. Im Gegensatz zu fertigen Teigwaren werden die hausgemachten mit knapp bemessenem Wasser gekocht, damit beim Abgießen die wertvollen Zutaten nicht verloren gehen. Ansonsten werden Chilopites anstelle anderer Teigwaren verwendet.

Reis-Gerichte
Pilafi, Risi

Pilafi

200 g Reis
1/2 l Fleischbrühe oder Wasser
125 g Butter
Salz, Pfeffer

Reis

Die Fleischbrühe oder das Wasser zum Kochen bringen, Reis, Butter, Salz und Pfeffer zugeben. Zugedeckt 15–20 Minuten auf schwachem Feuer kochen, bis die Flüssigkeit verdampft ist. Nach Geschmack eventuell noch einen Stich Butter untermischen. Pilafi wird als Beilage zu vielen Fleisch- und Fischgerichten gereicht.

Dolmades gialantzi

500 g Zwiebeln kleingeschnitten
250 g Reis
4 dl Olivenöl
3 EL Petersilie gehackt
2 EL frischer Dill gehackt
etwas frische Minze
Saft von 2 Zitronen
Salz, Pfeffer
500 g Weinblätter aus der Dose

Mit Reis gefüllte Weinblätter

Die Weinblätter aus der Dose mit warmem Wasser abspülen und auf einer Platte oder Marmor gut abtropfen lassen. Die Zwiebeln in 2 dl Öl andünsten, den Reis dazugeben und leicht anrösten, bis er etwas Farbe nimmt. Mit 3 bis 4 dl Wasser ablöschen und die restlichen Zutaten beifügen, salzen und pfeffern. Das Ganze kochen lassen, bis die Flüssigkeit reduziert und der Reis halb gar ist. Die Weinblätter mit der glänzenden Seite nach unten ausbreiten. Auf die matte Seite gegen den Stiel hin einen Teelöffel Füllung geben, die seitlichen Ränder umlegen und den Dolma wie eine Zigarette fest rollen.

Die Dolmas mit der gewickelten Seite nach unten, dicht nebeneinander in einen Kochtopf legen. Das restliche Öl dazugeben, mit Salz und Pfeffer würzen und mit einem flachen Teller beschweren, um zu verhindern, daß sich die Dolmas öffnen. Mit warmem Wasser halb bedecken und den Saft einer Zitrone dazugeben. Zudecken und bei schwachem Feuer garen lassen, bis das Wasser ganz aufgesogen ist und nur das Öl im Topf bleibt. Warm oder kalt servieren. Mit Satziki oder Joghurt als Soße schmecken Dolmas besonders gut.

Muscheln mit Reis

Die Muscheln werden gereinigt und gut gewaschen. Man gibt sie in Salzwasser und läßt sie kochen. Danach löst man das Fleisch von den Schalen.

Man erhitzt das Öl und läßt die Zwiebel darin andünsten (blond), dann gibt man das Muschelfleisch dazu und läßt das Ganze ein paar Minuten dünsten, löscht dann mit dem Weißwein ab. Anschließend gibt man die zerkleinerten Tomaten, Salz und Pfeffer zu und läßt alles leicht köcheln. Man gibt soviel Wasser dazu, daß es vom Volumen her doppelt soviel ist wie Reis beigegeben wird. Den Reis zugeben und mit einer Gabel durchrühren. Bei leisem Feuer kochen, bis die Flüssigkeit aufgesogen ist.

Midia pilafi

1 ¼ kg Muscheln
1 dl Öl
1 kleingeschnittene Zwiebel
600 g Tomaten geschält und zerkleinert
1 dl Weißwein
Salz, Pfeffer
ca. 250 g Reis

Reis mit Tomaten

Die feingehackte Zwiebel in der Butter weichbraten. Die geschälten Tomaten zufügen und zugedeckt 10 Minuten leicht kochen lassen. Die Fleischbrühe, Salz, Pfeffer und Oregano zufügen und zum Kochen bringen. Den Reis in die kochende Flüssigkeit geben, mit einer Gabel umrühren und zugedeckt auf schwachem Feuer kochen lassen, bis der Reis gar und die Flüssigkeit aufgesaugt ist.

Risi me tomates

200 g Butter
1 Zwiebel feingehackt
500 g Tomaten geschält, zerkleinert
1/2 l Fleischbrühe
2 TL Salz
Pfeffer, Oregano
200 g Reis

Lammfleisch mit Reis

Man schneidet das Fleisch in kleine Stücke. In einem Topf erhitzt man ²/₃ der Butter und brät das Fleisch von allen Seiten gut darin an. Dann gibt man die Zwiebel dazu und schmort sie an, mit den Tomaten und etwa 1 ½ l Wasser ablöschen, Salz und Pfeffer dazugeben. Alles bei leisem Feuer 1 ½ Stunden kochen lassen.

Das Fleisch herausnehmen und warm stellen. In den Bratensaft den Reis geben, evtl. noch Wasser zugeben. Mit einer Gabel durchrühren und einkochen lassen, bis der Reis den Saft aufgesogen hat. Das Fleisch unterheben und alles vom Feuer nehmen.

Die restliche Butter erhitzen und über den Pilafi geben. Den Topf mit einem Küchentuch und dem Topfdeckel zudecken und 5 Minuten stehen lassen, dann servieren.

Atzem pilafi

1 ½ kg Lammfleisch (Keule)
1 Zwiebel kleingeschnitten
150 g Butter
650 g Tomaten geschält und zerkleinert
800 g Reis
Salz, Pfeffer

Suppen
Soupes

Wenn die Fischer nach dem Verkauf ihres Fanges gegen Abend die Boote reinigen, werden alle noch übriggebliebenen Fische gesammelt und zu einer urigen Fischsuppe verarbeitet. Direkt am Strand, im Schein der untergehenden Sonne, im Kreis der Fischer genossen, bleibt es ein unvergeßliches Erlebnis.

Kakavia

1 Großer Suppenfisch ca. 1 kg (in Griechenland nach Petropsaro fragen)
200 g Marides (kleine Fische, welche rund ums Mittelmeer als Frittura angeboten werden)
200 g kleine Petropsara, dazu eventuell andere kleine Fische.
200 g Krabben
3–4 kleine Zwiebeln
2 Karotten
2 Stangen Selleriegrün
3 Tomaten
2 dl Olivenöl
Salz, Pfeffer
Geröstete Brotwürfel

Fischersuppe

Den großen Fisch waschen, schuppen und ausnehmen. Die kleinen Fischchen nur waschen, alles salzen und pfeffern.

In einem Topf 3 l Wasser zum Kochen bringen. In der Zwischenzeit die Zwiebeln und Karotten in sehr feine Scheibchen schneiden und zusammen mit dem Sellerie in das kochende Wasser geben. 10 Minuten kochen lassen, danach die ganzen Tomaten dazu geben, salzen und pfeffern. Jetzt gibt man die kleinen Fische dazu. Kochen lassen, bis die Fische zerfallen. Dann passiert man die Suppe durch ein Sieb, wobei man die Fische möglichst fein zerdrückt. Das Ganze wieder aufs Feuer stellen, den großen Fisch und das Olivenöl dazugeben und weitere 20 Minuten kochen lassen. Dazu die gerösteten Brotwürfel servieren.

Bei vielen Familien werden dieser Suppe zum Schluß der Kochzeit frische Kräuter (Oregano, Basilikum) und eine zerdrückte Knoblauchzehe beigegeben.

ΓΑΡΙΔΑ
ΚΑΤΑΨΥΓΜΕΝΗ
ΝΤΟΠΙΑ
ΓΙΑ
ΨΑΡΕΜΑ
ΓΑΡΙΔΑ
ΝΤΟΠΙΑ
ΓΙΑ
ΨΑΡΕΜΑ

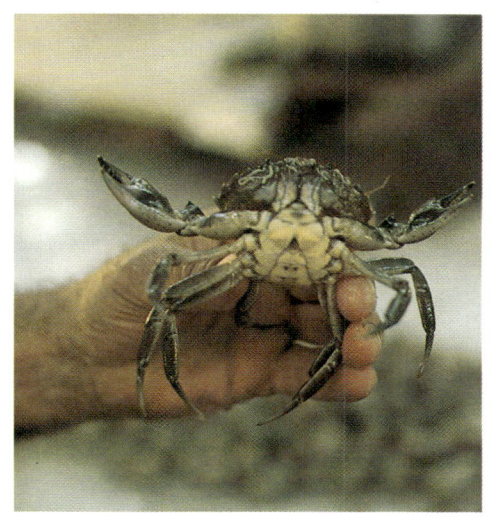

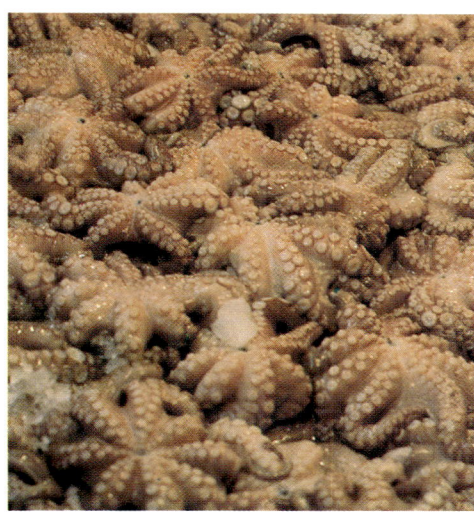

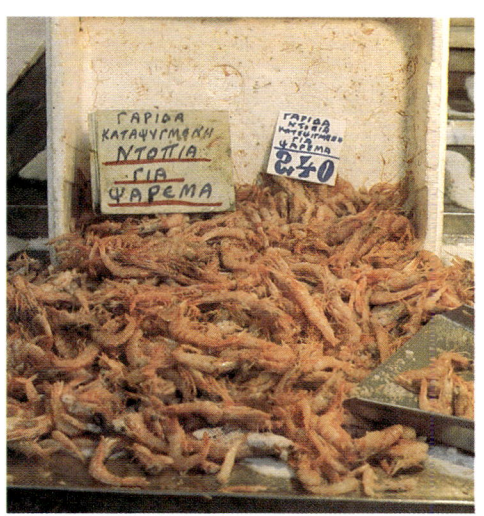

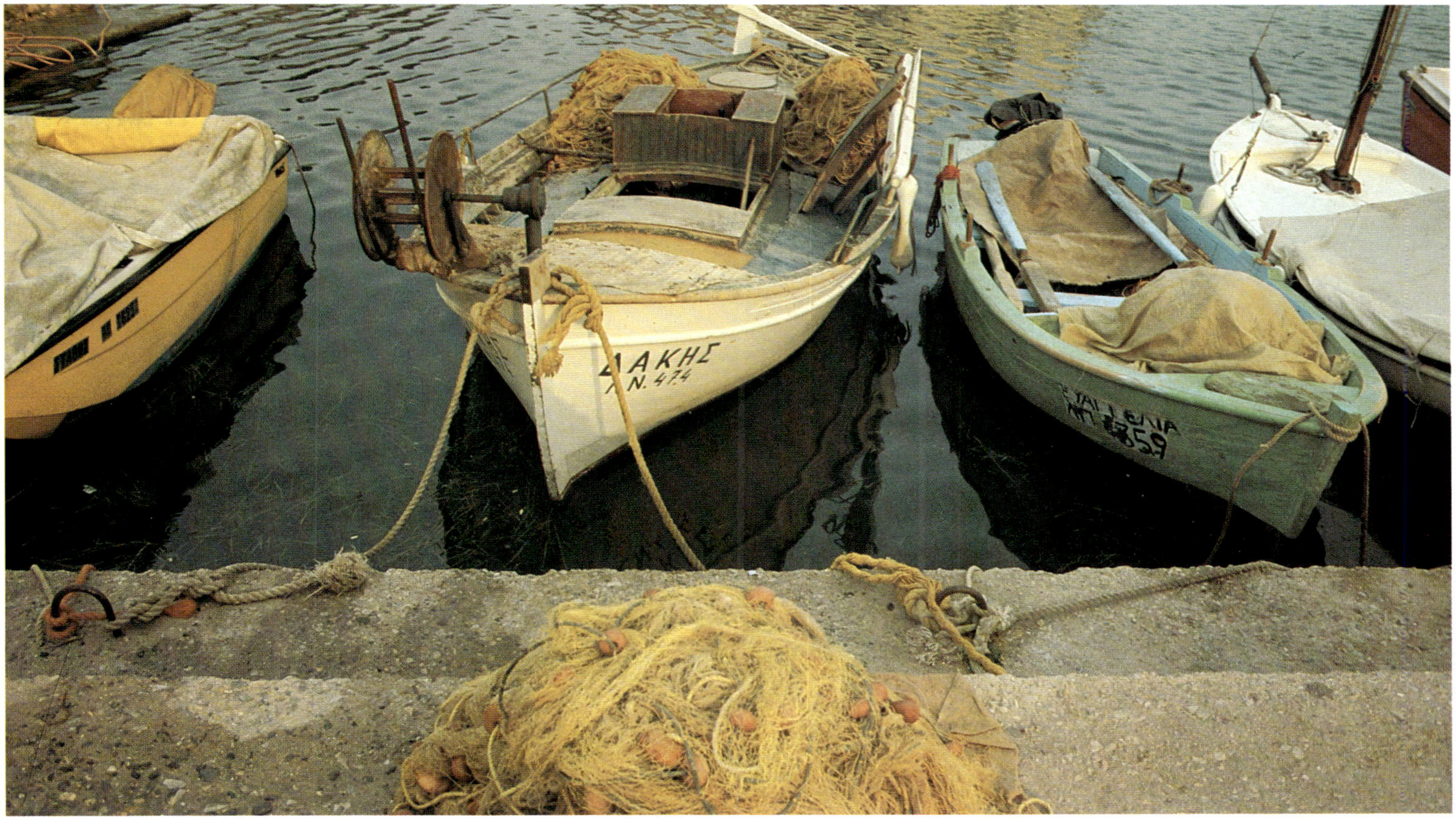
ΔΑΚΗΣ

Avgolemono

2 Eier
Saft von 1–2 Zitronen, je nach Größe
und Geschmack

Ei- und Zitronen-Einlage

Avgolemono ist ein wichtiger Bestandteil vieler griechischer Suppen. Es wird auf die folgende Weise zubereitet und der fertig gekochten Suppe zugefügt.

Eier in eine Schüssel geben und mit einer Gabel gut schlagen. Nach und nach den Zitronensaft hinzufügen und weiterschlagen, bis alles gut vermischt ist, dann Suppe mit einer Kelle hinzufügen. Wichtig ist, daß die Mischung weitergeschlagen wird, damit das Ei nicht gerinnt. Auf die gleiche Art soviel von der Suppe dazugeben, bis die Mischung gut temperiert ist, danach wird diese Mischung unter ständigem Rühren in die Suppe gegeben.
Dieses Rezept wird für die nachfolgenden Suppen benötigt.

Kreatosoupa avgolemono

500 g Suppenfleisch
1 Bund Suppengrün (Sellerie, Lauch,
Karotte, eine Kartoffel, eine frische
Tomate)
Salz
100 g Reis
2 Eier
Saft von 1–2 Zitronen
Pfeffer

Fleischsuppe mit Ei und Zitrone

Das Fleisch in 1 ¹/₂ l Wasser mit Salz zum Kochen bringen, nach 30 Minuten abschäumen, das gewaschene Suppengrün dazugeben. Ca. 1 ¹/₂ Stunden kochen lassen. Das Suppengrün herausnehmen, wenn es vor dem Fleisch gar ist und das Fleisch bei schwacher Hitze weiterkochen lassen. Danach das Fleisch herausnehmen, die Brühe 5 Minuten weiterkochen lassen und den Reis dazugeben. Wenn der Reis gar ist, Suppe etwas abkühlen lassen und Ei und Zitrone (Avgolemono) dazugeben.
Das Fleisch wird mit dem Suppengrün gesondert auf einer Platte angerichtet.

Kotosoupa avgolemono

500 g Hühnerklein
1 Bund Suppengrün (Sellerie, Lauch,
Karotte, eine Kartoffel, eine frische
Tomate)
Salz
100 g Reis
2 Eier
Saft von 1–2 Zitronen
Pfeffer

Hühnersuppe mit Ei und Zitrone

Das Hühnerfleisch waschen, in 1 ¹/₂ l Wasser mit Salz zum Kochen bringen, nach 30 Minuten abschäumen, das gewaschene Suppengrün dazugeben. Ca. 1 ¹/₂ Stunden kochen lassen. Wenn alles gar ist, Fleisch und Suppengrün herausnehmen, die Brühe bei schwacher Hitze weiterkochen lassen und den Reis dazugeben. Wenn der Reis gar ist, Suppe etwas abkühlen lassen und Ei und Zitrone (Avgolemono) dazugeben.

Fischsuppe mit Ei und Zitrone

Man wäscht, schuppt und nimmt den oder die Fische aus. Mit Salz und Pfeffer würzen und abtropfen lassen. In einem Topf 2 l Wasser mit den Zwiebeln, den Karotten und dem Sellerie 10 Minuten kochen lassen. 3 mal mit einer Gabel in die Tomaten hineinstechen und diese mit der geschälten Kartoffel dazugeben. 45 Minuten kochen lassen, dann den Fisch und das Olivenöl dazugeben. Kochen lassen, bis der Fisch gar ist (10–20 Minuten, je nach Größe der Fische). Anschließend den Fisch und das Gemüse herausnehmen. Dann passiert man die Suppe mit den Tomaten durch ein Sieb. Den Reis dazugeben und gar kochen. Topf vom Feuer nehmen, 5 Minuten stehen lassen und Avgolemono dazugeben.
Den Fisch auf einer Platte mit dem Gemüse garniert anrichten. Dazu ein Kännchen mit einer Mischung aus 1 dl Olivenöl und dem Saft einer Zitrone reichen.

Psarosoupa avgolemono

1 kg frischer Mittelmeer-Fisch
2–3 Karotten
2 Zwiebeln
2 Stangen Selleriegrün
1 mittelgroße Kartoffel
200 g reife Tomaten
1,5 dl Olivenöl
200 g Reis
Salz, Pfeffer

Fischsuppe mit Tomaten

Diese Suppe wird aus verschiedenen Fischen zubereitet. Es gibt im Mittelmeer eine ganze Reihe Fische, welche aufgrund der vielen Gräten nicht zum Verzehr geeignet sind. Sie werden daher als Suppenfische verkauft. Es kommt jedoch oft vor, daß man die Fischsuppe auch aus Speisefisch zubereitet. In diesem Fall wird der Fisch als Beilage zur Suppe angerichtet.

Man wäscht, schuppt und nimmt den oder die Fische aus. Mit Salz und Pfeffer würzen und abtropfen lassen. In einem Topf 2 l Wasser mit den Zwiebeln, Karotten und dem Sellerie 10 Minuten kochen lassen. 3 mal mit einer Gabel in die Tomaten hineinstechen und dazugeben. 45 Minuten kochen lassen und dann den Fisch und das Olivenöl dazugeben. Kochen lassen, bis der Fisch gar ist (10–20 Minuten, je nach Größe der Fische). Anschließend den Fisch und das Gemüse herausnehmen, die Suppe und die Tomaten durch ein Sieb passieren, den Reis dazugeben und gar kochen. Den Fisch auf einer Platte mit dem Gemüse garniert anrichten. Dazu ein Kännchen mit einer Mischung aus 1 dl Olivenöl und dem Saft einer Zitrone reichen.

Psarosoupa me tomates

1 kg Mittelmeer-Fisch
2–3 Karotten
2 Zwiebeln
2 Stangen Selleriegrün
200 g reife Tomaten
1,5 dl Olivenöl
200 g Reis
Salz, Pfeffer

Kreatosoupa kokinisti

500 g Suppenfleisch
1 Bund Suppengrün (Sellerie, Lauch,
Karotte, eine Kartoffel)
500 g frische Tomaten geschält und
kleingeschnitten
100 g Sternchennudeln
Saft von 1–2 Zitronen
Salz
Pfeffer

Fleischsuppe mit Tomate

Das Fleisch in 1½ l Wasser mit Salz zum Kochen bringen, nach 30 Minuten abschäumen, das gewaschene Suppengrün und die Tomaten dazugeben. Ca. 1 ½ Stunden kochen lassen. Das Suppengrün herausnehmen, wenn es vor dem Fleisch gar ist und das Fleisch bei schwacher Hitze weiterkochen lassen. Danach das Fleisch herausnehmen und die Nudeln dazugeben. Weiterkochen lassen, bis die Nudeln gar sind. Das Fleisch wird mit dem Suppengrün gesondert auf einer Platte angerichtet, nach Geschmack Zitrone und Pfeffer dazu reichen.

Kotosoupa kokinisti

500 g Hühnerklein
1 Bund Suppengrün (Sellerie, Lauch,
Karotte, eine Kartoffel)
500 g Tomaten geschält und kleinge-
schnitten
100 g Reis
Salz
Pfeffer

Hühnersuppe mit Tomate

Das Hühnerfleisch gewaschen in 1 ½ l Wasser mit Salz zum Kochen bringen, nach 30 Minuten abschäumen, das gewaschene Suppengrün und die Tomaten dazugeben. Ca. 1 ½ Stunden kochen lassen. Wenn alles gar ist, Fleisch und Suppengrün herausnehmen, die Brühe bei schwacher Hitze weiterkochen lassen und den Reis dazugeben. Weiterkochen lassen, bis der Reis gar ist.

Patsas

500 g Kutteln
1 Kalbsfuß
Salz
Avgolemono

Griechische Kuttelsuppe

Patsas ist eine sehr schmackhafte Suppe. Üblicherweise wird sie frühmorgens etwa um fünf Uhr in einigen Tavernen, in der Nähe der Großmärkte serviert. Frühaufsteher und „Spätheimkehrer" treffen sich beim Patsas, kurz bevor die einen zum Arbeiten und die anderen zum Schlafen gehen.

Kutteln und Kalbsfuß unter fließendem Wasser abwaschen. Mit kochendem Wasser überbrühen und nochmals gut abspülen. Die Kutteln in feine Streifen schneiden und mit dem Kalbsfuß in einen Topf mit 3 l Wasser und etwas Salz geben. Nach etwa 30 Minuten abschäumen und auf kleinem Feuer lange (etwa 4 Stunden) gar kochen lassen, dabei auf die Wassermenge achten, die Suppe muß etwas eindicken und weiß werden. Anschließend das Ganze durch ein Sieb geben, den Fuß in 2–3 Teile schneiden und alles wieder in die Suppe geben. Mit Avgolemono binden. In Griechenland wird zum Patsas eine kleine Flasche mit Rotweinessig, in dem einige zerstoßene Knoblauchzehen eingelegt sind, gereicht, aus der sich ein jeder nach Belieben bedient.

Magiritsa

Die Innereien von einem Lamm (Herz,
Leber, Lunge, Nieren, Darm)
Salz, etwas Zitronensaft
125 g Butter
1 Zwiebel kleingeschnitten
5 Frühjahrszwiebeln, kleingeschnitten
1 ¹/₂ l Fleischbrühe, wird aus dem Lamm-
kopf oder aus den Brustpartien gekocht.
2 EL gehackter Dill
200 g Reis
Salz, Pfeffer
Avgolemono

Ostersuppe

Die Magiritsa wird traditionell in den frühen Morgenstunden des Ostersonntags serviert, wenn die Familie von der Auferstehungsmesse nach Hause kommt. Die Magiritsa wird aus den Innereien des Osterlammes zubereitet, das in jeder Familie am Ostersonntag am Spieß gebraten wird. Wenn man dazu bedenkt, daß mit dem Osterfest eine strenge einwöchige Fastenzeit zu Ende geht, kann man sich die Erwartung und die Freude vorstellen, mit der sich alle um den Tisch versammeln.

Die Innereien unter fließendem Wasser gut reinigen. Den Darm mit dem Stiel von einem Kochlöffel umstülpen, nochmals waschen, mit Salz und Zitronensaft einreiben, und alles sorgfältig mit kochendem Wasser abspülen. Abkühlen lassen und in sehr feine Stückchen schneiden. In einem Topf die Butter erhitzen und die Zwiebel darin andünsten, bis sie weich ist (nicht braun werden lassen), die Frühlingszwiebeln und das kleingeschnittene Fleisch dazugeben. Unter Umrühren einige Minuten kochen, mit Dill, Salz und Pfeffer würzen. Danach die durchgesiebte Fleischbrühe dazugießen, zudecken und ca. 25 Minuten leicht kochen lassen. Anschließend den Reis dazugeben und kochen, bis er gar ist. Suppe vom Feuer nehmen, 5 Minuten stehen lassen und Avgolemono dazugeben.

Fakies soupa

500 g Linsen
3–4 Karotten feingerieben
4–5 Knoblauchzehen feingehackt
1 große rohe Kartoffel feingerieben
2 Würfel Fleischbrühe
3 Tomaten geschält und zerkleinert
1 feingehackte Zwiebel
2 EL Mehl
1 EL Butter
Salz
Saft von 1–2 Zitronen

Linsensuppe

Die Linsen über Nacht in 2 l Wasser einweichen. Im Einweichwasser ca. 1 Stunde kochen. Die Fleischbrühwürfel in etwas heißem Wasser auflösen, die Tomaten und die feingeriebenen Karotten, den Knoblauch und die Kartoffel beifügen. Aus der feinge-hackten Zwiebel, dem Mehl und der Butter eine Schwitze bereiten und dazugeben. Weiterkochen, bis die Linsen weich sind (ca. 30 Minuten). Mit Salz abschmecken. Den Zitronensaft dazu reichen.

Bohnensuppe (6 Personen)

Die Bohnen waschen, über Nacht in Wasser einweichen. Am nächsten Tag abgießen. (Wenn man die Mühe nicht scheut, werden die Bohnen geschält.) Dann in einen Topf geben und mit 1 ½ l kaltem Wasser auffüllen. Zum Kochen bringen, bei schwachem Feuer etwa 1 Stunde kochen lassen. Die übrigen Zutaten, bis auf die gehackte Petersilie, beifügen und noch solange bei schwachem Feuer kochen, bis die Bohnen weich sind. Mit Salz und Pfeffer abschmecken und die Petersilie dazugeben.

Fasolia soupa

500 g weiße Bohnen
500 g Tomaten geschält
2–3 Zwiebeln feingehackt
250 g Karotten gerieben oder in kleine
Würfel geschnitten
Salz, Pfeffer, Oregano
1 dl Olivenöl
1 Bund Petersilie gehackt
Selleriegrün gehackt

43

45

Gemüse
Lachanika

Anginares

Artischocken

Die Artischocken spielen in der Griechischen Küche eine große Rolle. Es gibt keinen Wochenmarkt ohne die charakteristisch überladenen Artischocken-Stände, bei denen sich die Hausfrauen mit diesem Gemüse meist kiloweise versorgen.

Die Artischocken sind etwas aufwendig in der Zubereitung, weil sie sehr schnell an der Luft schwarz werden. Die folgenden Regeln sind daher allgemein bei der Zubereitung von Artischocken zu beachten:
Einen der Menge der Artischocken entsprechenden Topf mit Salzwasser und den Saft einer Zitrone bereitstellen. Die kleinen Blätter vom Stiel entfernen und den Stiel auf ca. 2 cm kürzen. Bei Gerichten, bei denen die Artischocken mit dem Boden zum Sitzen kommen, z.B. gefüllte Artischocken, Artischocken Béchamel etc. wird der Stiel direkt an der Wurzel geschnitten, ohne die Blätter zu verletzen.

Anschließend entfernt man die äußeren harten Blätter der Artischocken und läßt nur die zarten weißen Blätter stehen. Mit einem scharfen Messer den oberen Teil der Artischocken auf halbe Höhe zurückschneiden, daß eine Becherform entsteht. Danach entfernt man mit einem Kaffeelöffel den Flaum. Die so gereinigten Artischocken sofort mit Zitrone einreiben und in das vorbereitete Wasser geben. Während des Kochens müssen die Artischocken immer unter Wasser bleiben, damit sie nicht nachschwärzen. Eine einfache Hilfe dazu ist ein Stück Pergamentpapier, im Durchmesser des Topfes geschnitten, welches man auf das Wasser legt. Dem Wasser, in dem Artischocken kochen, *muß* immer Zitronensaft zugesetzt sein.

Artischocken auf Konstantinopel Art

Die Artischocken wie im Kapitel „Artischocken allgemein" beschrieben vorbereiten. Zum Abtropfen setzt man sie umgedreht auf eine Platte. In einem großen Topf das Öl erhitzen und die ganzen Zwiebeln und den Zwiebellauch darin glasig dünsten. Mit 4 dl Wasser ablöschen und die geschälten Kartoffeln und den Dill zugeben. 10 Minuten kochen lassen, dann nochmals 2 dl Wasser und den Zitronensaft zusetzen, kurz aufkochen lassen und die Karotten hineingeben, darauf setzt man umgedreht die Artischocken. Man würzt mit Salz und Pfeffer und deckt das Ganze mit einem rundgeschnittenen Pergament-Papier ab, in dessen Zentrum man ein Loch geschnitten hat. Man schließt den Topf und achtet darauf, daß die Artischocken mit Wasser bedeckt sind. In etwa einer Stunde sollte diese Menge Wasser reduziert sein, dann sind auch die Artischocken gar, notfalls etwas Wasser zusetzen.

Anginares politikes

10 Artischocken
4 dl Öl
500 g kleine Kartoffeln
400 g kleine Zwiebeln
3 EL Zwiebellauch kleingeschnitten
3 EL Dill feingehackt
2 bis 3 Karotten in feine Scheiben geschnitten
Saft von 2 Zitronen
Salz und Pfeffer

Artischocken Béchamel

Die Artischocken, wie im Kapitel „Artischocken allgemein" beschrieben, garen. Zum Abtropfen setzt man sie umgedreht auf eine Platte. Man schneidet den Fetakäse ganz fein und mischt ihn mit den Schinkenstreifen und der Hälfte der Béchamelsoße. Eine feuerfeste Form, ca. 25 x 35 cm, buttern und mit einer ganz dünnen Schicht Béchamelsoße ausstreichen. Die Hälfte vom Parmesankäse darüberstreuen, dann die Artischocken daraufsetzen und mit etwas Butter beträufeln.
Die Artischocken mit der Mischung aus Fetakäse, Schinken und Béchamelsoße füllen. Danach mit der restlichen Béchamelsoße bedecken und glattstreichen. Den restlichen Parmesankäse darüberstreuen und das Paniermehl darüber verteilen. Mit etwas Butter beträufeln und im Backofen ca. 15 Minuten bei mittlerer Hitze goldgelb überbacken. Statt Schinken ist es auch möglich, kleingeschnittene Hühnerbrust oder Mortadella zu verwenden.

Anginares bechamel

8–10 Artischocken
160 g Fetakäse (Schafskäse)
4–5 Scheiben gekochter Schinken in feine Streifen geschnitten
100 g Parmesankäse
2 EL heiße Butter
2–3 EL Paniermehl
Béchamelsoße (Rezept Seite 84)

Grüne Bohnen mit Öl

Die Bohnen waschen und, wenn nötig, Fäden abziehen. In etwa 2 ½ cm große Stücke schneiden. Öl in einen großen Topf geben und erhitzen, die Zwiebeln und den Knoblauch darin andünsten. Dann Tomaten, Bohnen, Petersilie und Bohnenkraut beifügen, salzen und pfeffern. Zudecken und 1/2 Stunde kochen.
Kalt oder warm servieren.

Fasolakia me ladi

1 ½ kg grüne Bohnen
2 dl Olivenöl
2 Zwiebeln in Ringe geschnitten
2 zerdrückte Knoblauchzehen
500 g Tomaten geschält und zerkleinert
Petersilie gehackt
1 Zweig Bohnenkraut
Salz, Pfeffer

Tomates yemistes me risi

10 mittelgroße Fleischtomaten
200 g Butter
1 mittelgroße Zwiebel feingehackt
200 g Reis
Petersilie gehackt
Salz, Pfeffer
Paniermehl
3 EL Butter geschmolzen

Mit Reis gefüllte Tomaten (4–5 Personen)

Die Tomaten waschen und mit Küchenkrepp trocknen. Von den Tomaten einen Deckel abschneiden und zurückbehalten. Die Tomaten mit einem Löffel aushöhlen, das Mark durch ein Sieb passieren und aufbewahren. Tomaten in einer feuerfesten Form anrichten. In einer großen Pfanne die gehackte Zwiebel in der Butter anbraten, den Reis und zwei Drittel des Tomatenmarks, Salz, Pfeffer und Petersilie zugeben. Etwa 15 Minuten bei schwachem Feuer zugedeckt kochen lassen. Eventuell etwas Wasser zugeben. Der Reis soll noch nicht gar sein! Vom Feuer nehmen und etwas abkühlen lassen. Die Tomaten mit der Masse bis gut drei Viertel Höhe füllen, damit der Reis noch quellen kann. Deckel auf die Tomaten legen, mit der geschmolzenen Butter begießen und mit Paniermehl bestreuen. Das restliche Tomatenmark in die Form gießen.
Im Ofen bei schwacher Hitze etwa 1 Stunde backen.
Auf die gleiche Weise können auch Paprika gefüllt und mit den Tomaten gebacken werden.

Bamies me tomates

500 g kleine frische Okra-Schoten
1 dl Essig
Salz
1 Tasse Olivenöl
1 große Zwiebel feingehackt
3–4 Kartoffeln
500 g frische Tomaten geschält und zerkleinert

Okra-Schoten mit Tomaten (4 Personen)

Die Okra-Schoten gut waschen und den obersten Teil abschneiden. In eine Schüssel geben, etwas Salz darüberstreuen und den Essig darübergießen. 1/2 Stunde warm stellen. (Der Vorgang verhindert das Aufspringen während des Kochens).
In einem großen Topf das Olivenöl erhitzen und darin die Zwiebel anbraten. Die abgetropften Okra, die zerkleinerten Tomaten und eine Tasse Wasser sowie die Kartoffeln dazugeben. Langsam kochen lassen, nicht rühren, bis die Okra weich sind; mit Salz abschmecken.

Lachanika diafora me ladi

2 Auberginen
4 mittlere Zucchini
500 g grüne Bohnen
2 grüne Paprika
750 g Tomaten
500 g Kartoffeln
2 Zwiebeln feingehackt
Petersilie gehackt
1 Zweig frisches Bohnenkraut
Salz, Pfeffer
2 dl Öl

Gemüse-Ragout (6–8 Personen)

Das Gemüse waschen, die Bohnen, Zucchini und Kartoffeln in Stücke, die Auberginen in Scheiben und die Paprika in feine Streifen schneiden. Tomaten schälen und in Scheiben schneiden. Das Gemüse in einen großen Topf geben, die feingehackten Zwiebeln, 1 Tasse warmes Wasser, Olivenöl, Salz und Pfeffer beifügen. Zugedeckt bei mäßiger Hitze ca. 1 Stunde kochen lassen.

Fische, Meeresfrüchte
Psaria

Man erlebt immer wieder, daß aus ein paar einfachen Zutaten etwas Gutes bereitet wird.

Ein Fisch wird ausgenommen und gereinigt, in den Bauchschnitt kommt etwas Salz, Pfeffer und je nach Geschmack, ein paar Kräuter. Das Ganze wird auf dem Grill knusprig gebraten und heiß serviert, dazu reicht man gutes Olivenöl mit Zitronensaft verrührt. Es ist nichts kompliziertes, aber mir hat Fisch nirgendwo anders besser geschmeckt.

Für die Zubereitung teilt man in Griechenland die Fische in zwei Arten ein. In Fische, die zu Suppen verarbeitet werden und in Fische, die zum Braten oder Grillen geeignet sind.

Fische zum Braten oder Grillen werden ausgenommen, gereinigt und innen mit Salz und Pfeffer gewürzt. Man kann nach Geschmack auch noch Thymian oder Oregano hinzufügen. Werden die Fische in der Pfanne gebraten, wendet man sie in Mehl und brät sie in heißem Olivenöl goldbraun. Werden die Fische gegrillt, wendet man sie nicht in Mehl.

Eine andere Variante ist in Papier gebackener Fisch. Der Fisch wird wie zum Grillen vorbereitet und fest in Pergamentpapier eingewickelt. Danach packt man ihn noch in mehrere Lagen Zeitungspapier und verschnürt alles mit einem Band.

Das Garen im Backofen bei etwa 200° dauert etwa 15 Minuten. Die Zeit richtet sich allerdings nach der Größe der Fische.

Man serviert dazu eine Marinade aus Olivenöl und Zitronensaft. Dazu schlägt man Öl und Zitrone mit der Gabel solange, bis sich beides weißlich verbindet.

Psari plaki

500 g (4 Scheiben) Fisch z. B. Kabeljau-
Koteletts (ca. 2 cm dicke Scheiben)
Saft von einer Zitrone
Salz, Pfeffer
2 mittelgroße Zwiebeln feingehackt
2 Knoblauchzehen feingehackt
Olivenöl
250 g Tomaten geschält und zerkleinert
2 dl Weißwein
2 Tomaten in Scheiben geschnitten
reichlich gehackte Petersilie

Bakaliaros tighanitos me scordalia

500 g Stockfisch
Olivenöl

für den Teig:
100 g Mehl
Wasser, Salz

Midia tighanita

1 kg Muscheln
Salz, Pfeffer
Öl zum Ausbacken

Für den Ausbackteig:
1 Ei
2–3 EL Milch
4–5 EL Mehl
1 TL Backpulver

Im Ofen gebackener Fisch

Den Fisch in einer feuerfesten Form anrichten, den Zitronensaft darübergießen, salzen und pfeffern. Die Zwiebeln in 3 EL Olivenöl weichdünsten. Die gehackten Knoblauchzehen, die Tomaten und den Wein zugeben. Ca. 45 Minuten kochen lassen. Den Fisch damit übergießen, die Tomatenscheiben darüberlegen. 3–4 EL Olivenöl beifügen. Bei etwa 150° im Ofen 45 Minuten backen.
Vor dem Servieren mit gehackter Petersilie bestreuen.

Gebratener Stockfisch mit Knoblauchsoße

Den Fisch in etwa 10 cm große Stücke schneiden und über Nacht (mindestens 12 Stunden) in kaltem Wasser einweichen. Das Wasser muß einige Male erneuert werden! Den Fisch in einen Topf geben, mit kaltem Wasser bedecken und zum Sieden bringen. Abgießen und abkühlen lassen; dann die Haut abziehen und die Gräten entfernen. Aus Mehl, Wasser und Salz einen leichten Teig zubereiten. In einer Pfanne das Öl stark erhitzen. Den Fisch in den Teig tauchen und 3–4 Minuten goldgelb backen. Sehr heiß mit Knoblauchsoße servieren.

Muscheln gebraten

Die Muscheln reinigen und ca. 10 Minuten in Salzwasser kochen. Dabei hin und wieder den Topf rütteln. Danach läßt man die Muscheln etwas abkühlen und löst das Fleisch aus den Schalen. Man spült das Muschelfleisch kurz ab und läßt es abtropfen. Sodann salzen und pfeffern. Aus Ei, Milch, Mehl und Backpulver stellt man einen flüssigen Teig her, in den man das Fleisch von 2–3 Muscheln auf einmal taucht und es anschließend in reichlich heißem Öl ausbäckt.

Hummer mit Öl und Zitrone

Den Hummer in kochendes Salzwasser geben. Zugedeckt kochen lassen, bis der Hummer rot ist. Die Kochzeit richtet sich nach der Größe. Bei einem kleinen Tier rechnet man 15–20 Minuten, bei mittlerer Größe 30–35 und bei einem großen Hummer 40–45 Minuten.

Dann nimmt man den Hummer vom Feuer, streckt ihn und läßt ihn völlig abkühlen. Danach werden die Scheren abgetrennt und das Fleisch ausgebeint. Dann trennt man den Kopf vom Rumpf und löst das Fleisch aus der Schale und dem Kopf und schneidet es in feine Scheiben. Jetzt wird alles auf einer Platte angerichtet und mit dem Öl und dem Zitronensaft, die man zu einer Soße geschlagen hat, übergossen. Mit Petersilie garnieren.

Astakos me ladolemono

1 Hummer
Salz,
Petersilie zum Garnieren

Für die Soße:
1 dl Öl
0,75 dl Zitronensaft

Gebratene Kalamares

In unseren Breiten kauft man die Kalamares pfannenfertig. Sollte man sie als Ganze kaufen, muß man sie sehr gut unter fließendem Wasser waschen, die Tintenbeutel sowie die Augen und Kopfknochen entfernen. Die Arme werden in ca. 2 cm lange Stücke und das übrige Fleisch in Streifen geschnitten. Danach alles noch einmal gut waschen und mit Salz und Pfeffer würzen. In Mehl wälzen und in heißem Öl goldbraun backen. Mit Zitronensaft servieren.

Kalamares tiganites

1 kg Kalamares
Salz, Pfeffer
etwas Mehl
Öl zum Backen
Zitronensaft

Oktapus in Weinsoße

Die Zwiebel kleinschneiden und in heißem Öl anbraten. Das Oktapusfleisch dazutun, kurz anbraten, mit dem Wein ablöschen und die kleingeschnittenen Tomaten zugeben. Etwas Tomatenmark und wenig Wasser zugeben, nach Geschmack würzen und bei mittlerer Hitze kochen lassen, bis sich die Soße reduziert hat und das Fleisch weich ist.

Oktopodi tou krasiou

1 kg Oktapusfleisch
2 dl Olivenöl
4 dl Rotwein (Burgunder)
1 Zwiebel
100 g Tomaten geschält und zerkleinert
etwas Tomatenmark
Salz und Pfeffer

Hackfleischgerichte
Kimades

In den Wohngebieten sieht man morgens Frauen mit abgedeckten Töpfen zum Bäcker gehen.

Nicht jede Familie besitzt einen eigenen Backofen. In vielen Haushalten wird auf Gaskochern gekocht oder vorgegart. Da viele Gerichte eine lange Garzeit haben und im Ofen fertig gekocht oder überbacken werden müssen, bringen auch heute noch viele Hausfrauen ihre *Tapsis* mit dem Mittagessen zum nächsten *Fournos* (Bäckerei).

Der Bäcker hat eben die Brote aus dem Ofen gezogen und, um die Hitze auszunutzen, stellt man nun die Töpfe in den Backofen. Man holt sie zur Essenszeit gegen ein geringes Entgelt wieder ab.

Jetzt ist das Fleisch gar, und die Kartoffeln sind weich!

Lachanodolmades

500 g Hackfleisch
100 g Reis
1 Ei
2 Zwiebeln kleingeschnitten
100 g Butter
3 EL Petersilie gehackt
Salz, Pfeffer
1 großer Weißkohl

Für die Soße
250 g geschälte, feingeschnittene Tomaten
Saft von 2 Zitronen

Kohlblätter mit Hackfleisch gefüllt

Den ganzen Kohl 10 Minuten in Salzwasser kochen. Die Blätter sorgfältig ablösen und gut abtropfen lassen. Das Hackfleisch mit den restlichen Zutaten, außer der Butter, gut mischen, salzen und pfeffern. Die Kohlblätter ausbreiten. Auf jedes Blatt eine Portion Füllung geben. Die seitlichen Ränder umlegen und den Dolma wie eine Zigarette fest rollen. Die Kohl-Dolmas werden naturgemäß größer als die Weinblätter-Dolmas. Sie sind ca. 3 bis 4 cm im Durchmesser.

Die Dolmas mit der gewickelten Seite nach unten, dicht nebeneinander in einen Kochtopf legen. Die Butter, die Tomaten und den Zitronensaft dazugeben, salzen und pfeffern und mit einem flachen Teller beschweren, um zu verhindern, daß sich die Dolmas öffnen. Mit warmem Wasser ganz bedecken. Zudecken und bei schwachem Feuer garen lassen, bis die Soße eingedickt ist.

Warm servieren.

Lachanodolmades kann man auch mit Avgolemono zubereiten wie im Rezept Weinblätter Avgolemono beschrieben.

Makkaroni-Auflauf mit Hackfleisch (8 Personen)

Füllung: In einer großen Pfanne die Zwiebeln, den Knoblauch und das Hackfleisch in der Butter anbraten. Die übrigen Zutaten, außer dem Eiweiß, zugeben und zugedeckt bei mittlerer Hitze kochen lassen. Abkühlen lassen, das Eiweiß schlagen und daruntermischen.

Soße: Die Butter in einem Topf zergehen lassen und mit dem Mehl eine Mehlschwitze herstellen. Die Milch dazugeben und rühren, bis die Soße glatt ist. Salz, Pfeffer und geriebene Muskatnuß hinzufügen, vom Feuer nehmen und unter ständigem Rühren die Eier und das Eigelb dazugeben. Wenn man es mag, kann man noch 1 Tasse geriebenen Käse unter die Soße geben.
Die Makkaroni in Salzwasser garkochen, sie müssen noch einen Biß haben. Abtropfen lassen und 2 EL Butter dazugeben; gut vermischen.
Eine große feuerfeste Form buttern und die Hälfte der Nudeln darin anrichten. Dann die Füllmasse darauf verteilen, den Rest der Makkaroni darübergeben und mit der Soße bedecken. Evtl. mit geriebenem Käse bestreuen (nach Geschmack). – Im Backofen 50 Minuten backen. – Etwa 20 Minuten ruhen lassen und in portionsgroße Stücke (Vierecke) schneiden.

Pastizio makaronia

500 g Makkaroni
Salz
2 EL Butter

Für die Füllung:
1 EL Butter
1 kg Hackfleisch
1 Zwiebel feingehackt
2 Knoblauchzehen feingehackt
2 TL Salz
Pfeffer
Petersilie gehackt
1 dl Weißwein
3 große Tomaten geschält und zerkleinert
2 Eiweiß

Für die Soße:
125 g Butter
100 g Mehl
8 dl kochende Milch
Salz, Pfeffer, Muskatnuß
2 Eier, 2 Eigelb

Mit Fleisch gefüllte Tomaten (5 Personen)

Am oberen Teil der Tomaten Deckel abschneiden und zurückbehalten. Dann die Tomaten mit einem Löffel aushöhlen, das Mark durch ein Sieb streichen und aufbewahren. Die Tomaten in einer feuerfesten Form anrichten.
In einer Pfanne die Butter erhitzen, die Zwiebeln anbraten, dann Hackfleisch, Reis, etwa 1 Tasse Tomatenmark, Salz, Pfeffer, Oregano, Petersilie, Knoblauch mit einer Gabel unterrühren und 15 Minuten zugedeckt leicht kochen lassen.
Man läßt die Füllung abkühlen und füllt dann die ausgehöhlten Tomaten mit dieser Masse 3/4 voll, damit der Reis noch aufquellen kann. Mit den Tomatendeckeln verschließen. Mit geschmolzener Butter begießen und über jede Tomate etwas Paniermehl streuen. Das restliche Tomatenmark in die Form geben. Im Ofen bei schwacher Hitze 1 Stunde backen.
Auf die gleiche Weise können grüne Paprika (piperies), Auberginen (melitsanes), Zucchini (kolokithakia) gefüllt werden.

Tomates yemistes me kima

10 große Fleischtomaten
200 g Butter
500 g Hackfleisch
1 große Zwiebel feingehackt
1 Knoblauchzehe feingehackt
100 g Reis
reichlich gehackte Petersilie
Salz, Pfeffer, Oregano
etwas Paniermehl
3 EL Butter geschmolzen

Melitsanes papouzakia

125 g Butter
2 mittelgroße Zwiebeln feingehackt
500 g Rinderhackfleisch
2 mittelgroße Tomaten geschält und
zerkleinert
2 TL Salz
Pfeffer
reichlich gehackte Petersilie
1 Ei
2 EL Käse gerieben
2 EL Paniermehl
10 (etwa 1 kg) Auberginen (am besten
eignen sich schmale, lange Früchte.)
Olivenöl zum Braten
Béchamelsoße (halbe Menge wie im
Rezept Béchamelsoße angegeben)

Dolmades avgolemono

500 g Hackfleisch
100 g Reis
2 Eiweiß
2 Zwiebeln kleingeschnitten
100 g Butter
3 EL Petersilie gehackt
Salz, Pfeffer
500 g Weinblätter aus der Dose

Für die Soße:
2 Eigelb
Saft von 2 Zitronen
1 EL Stärkemehl
Salz, Pfeffer

Gefüllte Auberginen (4–5 Personen)
(Schühchen)

Die Zwiebeln und das Hackfleisch in der Butter unter ständigem Rühren anbraten. Salz, Pfeffer und Tomaten beifügen. Zugedeckt etwa 10–15 Minuten leicht kochen lassen. Vom Feuer nehmen und das Ei, den geriebenen Käse, die Petersilie und das Paniermehl unterrühren.

Die Auberginen waschen und mit Küchenkrepp abtrocknen. Dann der Länge nach einen Einschnitt machen.

In einer Pfanne Öl erhitzen und die Auberginen zugedeckt bei schwachem Feuer braten, bis sie weich und goldgelb sind. Ab und zu wenden. Vorsichtig aus der Pfanne nehmen und in einer feuerfesten Form mit dem Einschnitt nach oben anrichten. Den Spalt mit der Hackfleischmasse füllen.

Béchamelsoße zubereiten, etwas geriebenen Käse unterrühren. Davon über jede Aubergine einen Löffel voll gießen. Etwas geriebenen Käse und Butterflöckchen darüberstreuen. Bei schwacher Hitze etwa 30 Minuten im Ofen überbacken. Nach Belieben mit einer Tomatensoße servieren!

Mit Hackfleisch gefüllte Weinblätter

Die bei diesem Rezept verwendete Avgolemono Soße ist eine Variante des bereits angegebenen Rezeptes. Das Eiweiß wird zur Bindung der Füllung benutzt. Für die Soße werden nur die Eigelb genommen.

Die Weinblätter aus der Dose mit warmem Wasser abspülen und auf einer Platte oder Marmor gut abtropfen lassen. Das Hackfleisch mit den restlichen Zutaten, außer der Butter, gut mischen, salzen und pfeffern. Die Weinblätter mit der glänzenden Seite nach unten ausbreiten. Auf die matte Seite, gegen den Stiel hin, einen Teelöffel Füllung geben. Die seitlichen Ränder umlegen und den Dolma wie eine Zigarette fest rollen. Die Dolmas mit der gewickelten Seite nach unten, dicht nebeneinander in einen Kochtopf legen. Die Butter dazugeben, salzen und pfeffern und mit einem flachen Teller beschweren, um zu verhindern, daß sich die Dolmas öffnen. Mit warmem Wasser ganz bedecken. Zudecken und bei schwachem Feuer garen lassen, bis das Wasser sich auf etwa 3 dl reduziert hat. Vom Feuer nehmen.

Die Eigelb mit dem Zitronensaft schlagen und zum Temperieren etwas von der Kochflüssigkeit dazurühren. Die Soße über die Dolmas geben und unter gelegentlichem Rütteln, auf schwachem Feuer eindicken lassen. Warm servieren.

Mousaka mit Kartoffeln

Die Kartoffeln schälen, in Scheiben schneiden und in heißem Öl goldgelb braten. Das Hackfleisch mit der Zwiebel in der Hälfte der Butter anbraten, die Tomaten und das Tomatenmark, Salz, Pfeffer und die Petersilie beigeben. Langsam kochen lassen, bis die Flüssigkeit eingekocht ist. Vom Feuer nehmen, ⅓ vom Käse und 3 bis 4 EL Paniermehl daruntergeben und gut vermischen.

Eine etwa 25 x 35 cm große, feuerfeste Form buttern und mit Paniermehl bestreuen. Die Hälfte der Kartoffeln in die Form schichten. Etwas Käse darüberstreuen. Als nächste Schicht folgt die Hackfleischmischung, gleichmäßig verteilt. Darauf legt man die restlichen Kartoffeln und bestreut sie auch mit etwas Käse. Darüber gibt man zum Schluß der Reihe nach die Béchamelsoße, den restlichen Käse und das Paniermehl. Mit der heißen Butter beträufeln und im Backofen bei mittlerer Hitze 30 bis 40 Minuten goldgelb backen.

Mousakas me patates

1 kg Kartoffeln
2 dl Öl zum Braten
1 Zwiebel feingehackt
100 g Butter oder Margarine zum Braten
500 g Hackfleisch
500 g Fleischtomaten geschält und zerkleinert
1 EL Tomatenmark in einem Glas Wasser gelöst
1 EL feingehackte Petersilie
Salz, Pfeffer
60 g Paniermehl
100 g Parmesan-Käse (Kefalotiri) gerieben
Béchamelsoße (Rezept Seite 84)
2 EL heiße Butter zum Überbacken

Mousaka mit Zucchini

Die Zucchini reinigen, in ca. ½ cm dicke Scheiben schneiden, salzen und pfeffern, leicht in Mehl wälzen und in heißem Öl goldgelb braten. Das Hackfleisch mit der Zwiebel in der Hälfte der Butter anbraten, die Tomaten und das Tomatenmark, Salz und Pfeffer beigeben. Langsam kochen lassen, bis die Flüssigkeit eingekocht ist.

Eine etwa 25 x 35 cm große, feuerfeste Form buttern und mit Paniermehl bestreuen. Die Hälfte der Zucchini in die Form schichten. Etwas Käse und die Hälfte vom Paniermehl darüberstreuen. Als nächste Schicht folgt die Hackfleischmischung, gleichmäßig verteilt. Darauf legt man die restlichen Zucchinischeiben. Darüber gibt man zum Schluß der Reihe nach die Béchamelsoße, den restlichen Käse und das Paniermehl. Mit der heißen Butter beträufeln und im Backofen bei mittlerer Hitze 30 bis 40 Minuten goldgelb backen.

Mousakas me kolokythia

1 kg Zucchini
2 dl Öl zum Braten
1 Zwiebel feingehackt
100 g Butter oder Margarine zum Braten
500 g Hackfleisch
500 g Fleischtomaten geschält und zerkleinert
1 EL Tomatenmark in einem Glas Wasser gelöst
Salz, Pfeffer
60 g Paniermehl
100 g Parmesan-Käse (Kefalotiri) gerieben
Béchamelsoße (Rezept Seite 84)
2 EL heiße Butter zum Überbacken

Giovarlakia me tomates

500 g Hackfleisch vom Kalb oder Rind
100 g Reis
2 Zwiebeln feingeschnitten
1 Ei
3 EL Petersilie gehackt
Salz, Pfeffer
100 g Butter

Für die Soße:
500 g Tomaten geschält und kleingeschnitten
1 EL Tomatenmark
Salz und Pfeffer

Fleischkugeln mit Tomatensoße

Tomaten gut zerkleinern und mit der Butter und dem Tomatenmark in einem Topf erhitzen. Bei mittlerer Hitze 10 Minuten kochen lassen. Aus dem Hackfleisch, dem Reis, den Zwiebeln, der Hälfte der Petersilie, dem Ei, Salz und Pfeffer einen Teig kneten. Daraus werden walnußgroße Kugeln geformt und einzeln in die Tomatensoße gegeben. Danach wird das Ganze soweit nötig mit warmem Wasser aufgefüllt, bis alles bedeckt ist. Evtl. nachsalzen und pfeffern. Bei mittlerer Hitze kochen lassen, bis die Soße eingedickt ist. Die restliche Petersilie darüberstreuen.

Mousakas melitsanes

500 g Auberginen
500 g Kartoffeln
1 Zwiebel feingehackt
100 g Butter oder Margarine zum Braten
500 g Hackfleisch
500 g Fleischtomaten geschält und
zerkleinert
1 Bund Petersilie gehackt
Salz, Pfeffer
60 g Paniermehl
100 g Gouda-Käse gerieben
1 dl Weißwein
2 EL heiße Butter zum Überbacken

Béchamelsoße (Rezept Seite 84)

Öl zum Braten

Mousaka mit Auberginen und Kartoffeln

Die Auberginen in feine Scheiben schneiden, mit Salz bestreuen und einige Zeit ruhen lassen. Das Hackfleisch mit der Zwiebel in der Hälfte der Butter anbraten, mit dem Weißwein ablöschen, die Tomaten und die Petersilie beigeben. Langsam kochen lassen, bis die Flüssigkeit eingekocht ist. Die Kartoffeln waschen und schälen, in feine Scheiben schneiden. Die Auberginen mit Küchenkrepp abtrocknen. Die Kartoffeln und die Auberginenscheiben in dem Öl goldgelb braten. Nach dem Braten nochmals mit Küchenkrepp abtrocknen und auf eine Platte geben, salzen und pfeffern. Eine etwa 25 x 35 cm große, feuerfeste Form buttern und mit Paniermehl bestreuen.
Die vorbereiteten Zutaten werden jetzt in folgender Reihe in die Form geschichtet: Zuerst die Kartoffeln, darüber die Hackfleischmischung, dann die Hälfte des geriebenen Käses und des Paniermehls mischen und darübergeben. Anschließend legt man die gebratenen Auberginenscheiben darauf und verteilt die Béchamelsoße darüber. Der Rest vom Käse wird zuerst darübergestreut, dann das Paniermehl, zum Schluß wird über das Ganze die heiße Butter verteilt.
Bei mittlerer Hitze 30 bis 40 Minuten, bis die Oberfläche goldgelb ist, überbacken.

Fleischkugeln mit Ei und Zitronensoße

Aus dem Hackfleisch, Reis, Zwiebeln, Petersilie, Eiweiß, Salz und Pfeffer einen Teig kneten. Daraus werden walnußgroße Kugeln geformt. Die Butter wird in einem Topf erhitzt und die Fleischkugeln einzeln hineingegeben. Danach wird das Ganze soweit mit warmem Wasser aufgefüllt, bis alles bedeckt ist. Bei mittlerer Hitze kochen lassen, bis sich das Wasser auf etwa 2 dl reduziert hat.

Für die Soße wird Avgolemono, wie im gleichnamigen Rezept beschrieben, gebraucht. Dazu schlägt man die Eigelb mit dem Zitronensaft und gibt soviel von dem Fleischsaft dazu, bis das Ganze temperiert ist. Die Soße über das Essen verteilen und weiter bei schwacher Hitze kochen lassen, bis sie eingedickt ist. Dabei gelegentlich den Topf rütteln, damit sich die Soße gleichmäßig verteilt.

Giovarlakia avgolemono

500 g Hackfleisch vom Kalb oder Rind
100 g Reis
2 Zwiebeln feingeschnitten
2 Eiweiß
3 EL Petersilie gehackt
Salz, Pfeffer
100 g Butter

Für die Soße:
2 Eigelb
Saft von 1–2 Zitronen

Hackfleischröllchen in Tomatensoße

Das Weißbrot einweichen und anschließend sehr gut ausdrücken. Aus Hackfleisch, Brot, Knoblauch, Kümmel, Salz und Pfeffer einen Teig kneten. Daraus werden Würstchen von etwa 1 1/2 cm Durchmesser und ca. 8 cm Länge geformt. Leicht in Mehl wenden und in heißem Fett von allen Seiten anbraten. Soutzoukakia aus der Pfanne nehmen und die gut zerkleinerten Tomaten in das Bratfett geben. Bei mittlerer Hitze 5 Minuten kochen lassen, dann die Soutzoukakia hineingeben und in der Soße wenden. Weitere 5 bis 10 Minuten garen, bis die Soße eingedickt ist.
Mit Reis servieren.

Soutzoukakia

500 g Hackfleisch vom Kalb oder Rind
125 g Weißbrot ohne Rinde
2 Knoblauchzehen feingehackt
1 Prise gemahlener Kümmel
Salz, Pfeffer
Mehl und Fett zum Braten

Für die Soße:
500 g Tomaten geschält und kleingeschnitten
Salz und Pfeffer

Hackfleischkugeln

Die feingehackten Zwiebeln, Knoblauchzehen und Oregano in der Margarine andünsten. Vom Feuer nehmen und abkühlen lassen. Das Brötchen einweichen, gut ausdrücken und zu dem Hackfleisch geben. Salz, Pfeffer, Paprika, das Ei und die angedünsteten Zutaten dazugeben und alles gut vermengen. Etwa walnußgroße Kugeln daraus formen und in einer großen Pfanne in heißem Fett braten, bis sie von allen Seiten Farbe angenommen haben. Man kann den Bratensatz mit einem Glas Rotwein ablöschen und über die Fleischkugeln geben.
Ergibt ca. 30–35 Kugeln.

Keftedakia

2 kleine Zwiebeln feingehackt
2 Knoblauchzehen, Oregano
2 EL Margarine
500 g Rinderhackfleisch
1 Brötchen
2 TL Salz
Pfeffer, Paprika
1 Ei
Öl oder Fett zum Braten

Fleischgerichte
Kreas

Die Griechen essen gerne Grilliertes, ob Fisch oder Fleisch. Fleisch wird oft nur mit wenig Öl eingerieben, etwas Oregano darübergestreut und dann aufs Feuer gegeben. Bei Familienfesten kümmern sich hauptsächlich die Männer um das Grillen und um die Getränke. Die Frauen bereiten die übrigen Speisen und decken den Tisch.
Obwohl auch Bier gern getrunken wird und auch ausgezeichnet schmeckt, trinkt man doch überwiegend Wein. Ob geharzter Retsina oder ein anderer ungeharzter Wein ist reine Geschmacksache. Nach all den Jahren, in denen ich immer wieder das Land bereist oder auch dort gelebt habe, kann ich dem interessierten Besucher raten, auf die Menschen zuzugehen, Fragen zu stellen und unvoreingenommen den einfachen Reichtum des Landes, seine Landschaft und seine Speisen aufzunehmen. Die Griechen sind stolz darauf, einem Besucher etwas zu erklären, ganz gleich, ob sie die Sprache des Besuchers beherrschen oder nicht.

Lamm am Spieß

Lamm am Spieß ist das griechische Essen überhaupt! Es wird traditionell am Ostersonntag zubereitet.
Dazu benötigt man ein junges Lamm, einen Spieß, der auf beiden Seiten je einen halben Meter über das Lamm hinausragt und zwei Halterungen, die es erlauben, das Lamm in verschiedenen Höhen über das Feuer zu bringen. Im Freien wird eine entsprechende Grube etwa 30 cm tief ausgehoben und aus einer Mischung von Holzkohle, frischen Rebzweigen und Blättern die Glut vorbereitet. Das Lamm wird gereinigt und die Innereien herausgenommen (Magiritsa).
Dann gibt man in den Bauch Salz, Pfeffer, Oregano, Basilikum, einige zerdrückte Knoblauchzehen, den Saft von zwei Zitronen und 200 g Margarine. Danach wird der Bauch fest zugenäht.

An wenigstens 3 Stellen muß man den Rücken des Lammes gut an dem Spieß befestigen, damit sich während des Bratens der Rücken nicht krümmt und bricht. Die Beine werden gestreckt und festgebunden. Das Lamm muß gut gesichert werden, damit es sich nicht frei auf dem Spieß drehen kann.

Aus Öl, Zitronensaft und Oregano stellt man eine Mischung her, mit der das Lamm vor und während des Bratens bestrichen wird.

Die Stärke des Feuers am Boden richtet sich nach der Stärke des Fleisches. Bei den Hüften weniger, bei Kopf und Hals mehr.

Der Spieß wird zunächst auf der höchsten Stufe (etwa 50–70 cm) über das Feuer gelegt, und bei relativ zügiger Drehung von innen nach außen läßt man das Lamm braten. Beim Fortschreiten des Bratvorganges das Lamm immer näher an das Feuer bringen und langsamer drehen, damit es auch von außen knusprig wird.

Das Fleisch ist gar, wenn es anfängt sich vom Knochen zu lösen und Risse bekommt. Während des Bratens die Oberfläche immer wieder mit der Öl/Zitronen/Oregano-Mischung bestreichen.

Arni me melitsanes sto fourno

1 ¹/₂ kg Lammfleisch (Keule)
500 g Tomaten geschält und in feine
Scheiben geschnitten
200 g Butter
Salz, Pfeffer
1 ¹/₂ kg lange, schmale Auberginen

Arni bouti sto charti

1 Lammkeule, ca. 1 ¹/₂–2 kg, ausgebeint
8–10 Knoblauchzehen (nach Geschmack
mehr oder weniger)
Salz, Pfeffer
Butter (Margarine)
Saft von 1–2 Zitronen

Arni psito me patates limoni

1 Lammkeule ca. 1 ¹/₂–2 kg
8–10 Knoblauchzehen
Salz, Pfeffer
200 g Butter
Saft von 3–4 Zitronen
1 kg mittelgroße Kartoffeln

Lammfleisch mit Auberginen

Das Fleisch salzen und pfeffern. Die Tomatenscheiben in eine große feuerfeste Form schichten, das Fleisch darauflegen und mit geschmolzener Butter übergießen. Ca. 20–30 Minuten bei mittlerer Hitze im Backofen braten lassen.
Die Auberginen müssen schmal und lang sein, damit man sie quer schneiden kann. Nach dem Schneiden mit Salz einreiben und für 15 Minuten in kaltes Salzwasser legen. Sodann abspülen und abtropfen lassen. Danach dem Fleisch beigeben. Kochen lassen, bis das Fleisch weich und die Soße eingedickt ist.

Lammkeule in Papier gebraten

Den Knoblauch in Stifte schneiden, mit Salz und Pfeffer überstreuen, in die Lammkeule Einschnitte machen, den Knoblauch hineinstecken und mit Zitronensaft einreiben. Man nimmt einen großen Bogen Pergamentpapier und bestreicht ihn reichlich mit Butter. Die Keule wird in dieses Papier gut eingewickelt. Darum gibt man noch ein zweites Pergamentpapier. Anschließend mit Packpapier (die Griechen nehmen die Zeitung von gestern!) fest verpacken und mit einer Schnur zubinden. Bei mittlerer Hitze im Backofen ca. 2 Stunden braten.
Das Paket etwas abkühlen lassen, die Keule aus dem Papier nehmen und in Scheiben schneiden.
Heiß servieren!

Lammkeule mit Kartoffeln und Zitrone

Das Fleisch waschen, mit Küchenkrepp trocknen und in eine große feuerfeste Form legen. Die Knoblauchzehen in Stifte schneiden und mit Salz und Pfeffer bestreuen. Mit einem spitzen Messer die Lammkeule einstechen und die Knoblauchstifte hineinstecken. Das Fleisch leicht mit Mehl bestäuben. Die Kartoffeln schälen, einmal durchschneiden und um die Lammkeule legen.
In einer Pfanne die Butter schmelzen, den Zitronensaft zugeben, über das Fleisch und die Kartoffeln gießen. Alles salzen und pfeffern, warmes Wasser zugeben. Ca. 1 ¹/₂–2 Stunden bei 190° im Ofen braten; darauf achten, daß die Flüssigkeit nicht einkocht; eventuell noch warmes Wasser zugeben.
Wenn die Keule gar ist, auf einer Platte mit den Kartoffeln anrichten und servieren.

Arni youvetsi me manestra

1 kg Lammschulter
100 g Butter oder 1 dl Olivenöl
1 Zwiebel feingehackt
4–5 große, sehr reife Tomaten
300 g Manestra (kleine Teigwaren, etwa reiskorngroß)
Salz, Pfeffer, Oregano

Arni kapamas kaliamatanos

1 ½ kg Lammfleisch (Keule)
150 g Butter
1 dl Weißwein
500 g Tomaten geschält und zerkleinert
1 Stück Stangenzimt
2–3 ganze Nelken
Salz, Pfeffer
etwas Mehl zum Wenden

Arni me kolokithakia sto fourno

1 ½ kg Lammfleisch (Keule)
1 ½ kg Zucchini
500 g Tomaten geschält und in feine Scheiben geschnitten
200 g Butter
Salz, Pfeffer

Lammragout mit Teigwaren

Das Fleisch in portionsgroße Stücke schneiden und in einen Topf legen. Öl (Butter), die Zwiebeln, geschälte Tomaten (zerkleinert), Salz, Pfeffer und Oregano beifügen. Gut vermischen und solange kochen, bis das Fleisch gar ist. Gut 1 Liter kochendes Wasser und die Teigwaren zugeben, gut umrühren. Zugedeckt noch etwa 1/2 Stunde kochen lassen. Von Zeit zu Zeit gut umrühren. Mit geriebenem Käse (nach Geschmack) servieren. Man kann das Gericht auch mit Rinderbraten bereiten.

Lammfleisch kapama aus Kalamata

Das Fleisch in portionsgroße Stücke schneiden, salzen und pfeffern und in Mehl wenden. Sodann in einer Pfanne mit heißer Butter von allen Seiten anbraten. Dann das Fleisch herausnehmen und in einen Topf geben. Das Bratfett mit dem Wein ablöschen und die Tomaten dazugeben, kurz aufkochen lassen und anschließend über das Fleisch gießen. Zimt und Nelken dazugeben und langsam kochen lassen, nach und nach etwas warmes Wasser zugeben.
Man muß darauf achten, daß am Ende der Kochzeit noch Soße bleibt. Traditionsgemäß wird dieses Gericht mit Teigwaren serviert.

Lammfleisch mit Zucchini

Das Fleisch salzen und pfeffern, die Tomatenscheiben in eine große, feuerfeste Form schichten, das Fleisch darauflegen und mit geschmolzener Butter übergießen. Ca. 20–30 Minuten bei mittlerer Hitze im Backofen braten lassen.
In der Zwischenzeit die Zucchini waschen und in 2–3 Stücke schneiden (nicht längs schneiden), salzen, pfeffern und zu dem Fleisch geben. Kochen lassen, bis das Fleisch weich und die übrige Soße eingedickt ist.

Lammkoteletts gegrillt (4 Personen)

Öl, Zitronensaft und Oregano gut mischen und über die Koteletts gießen. 2–3 Stunden marinieren, ab und zu wenden. Die Koteletts auf einem Holzkohlefeuer grillen. Salzen und pfeffern, mit Zitronenvierteln und Petersilie garnieren.

Koteletes arniou skaras

3–4 EL Olivenöl
Saft von einer Zitrone
1–2 TL Oregano
1 kg Lammkoteletts
Salz, Pfeffer
Zitronenviertel und Petersilie zum Garnieren

Fleischspießchen (4–5 Personen)

Das Fleisch in etwa 3 cm große Würfel schneiden, auf Holz- oder Metallspießchen stecken und wenigstens für eine Stunde in die Marinade legen. Auf Holzkohlenfeuer, unter mehrmaligem Wenden, grillen.
Das Souvlaki wird entweder sofort vom Spießchen gegessen, oder man nimmt das Fleisch ab und serviert es mit Pilafi oder Pommes frites und Salat.

Souvlaki arni

1 kg Lammfleisch aus der Keule, ohne Knochen

Marinade:
3–4 EL Olivenöl
Saft von einer Zitrone
Salz, Pfeffer, Oregano

Lammfleisch mit weißer Soße aus Patras

Das Fleisch in portionsgroße Stücke schneiden, salzen und pfeffern. Die Butter in einem Topf erhitzen und das Fleisch kurz darin von allen Seiten anbraten. 4–5 dl Wasser zugeben und zugedeckt langsam schmoren lassen. Nachdem das Fleisch gar ist und noch ca. 1–2 dl Saft übrig ist, schlägt man die Eigelb, den Zitronensaft und den Bratensaft zu einem Avgolemono (siehe Rezept Avgolemono). Dann gießt man die Soße über das Fleisch und rüttelt den Topf kurz, damit sich alles gut verteilt.

Arni asprogiachni patrino

1 ½ kg Lammfleisch (Keule)
125 g Butter oder Margarine
2 Eigelb
Saft von 2–3 Zitronen
Salz, Pfeffer

Schweinekoteletts gegrillt

Die Zutaten für die Marinade mischen, in eine tiefe Schüssel geben, die Koteletts einlegen und mehrmals wenden. Wenigstens 1 Stunde ziehen lassen.
Die Koteletts grillen, anschließend salzen und pfeffern.

Chirines brisoles skaras

4 Koteletts
Salz, Pfeffer

Marinade:
Oregano
2–3 zerdrückte Knoblauchzehen
Saft von einer Zitrone
1 dl Olivenöl

Stifado

1 kg Rinder- oder Kalbsbraten
1 dl Olivenöl
Salz, Pfeffer
1 mittelgroße Zwiebel gehackt
500 g geschälte Tomaten
2 dl Rotwein
1 Lorbeerblatt
1 kg Schalotten
3 Knoblauchzehen feingehackt
125 g Butter
Petersilie gehackt

Marinade:
1 Zwiebel
4 dl Rotwein
4 ganze Nelken
1 Karotte in feine Scheiben geschnitten
1 Lorbeerblatt
Pfefferkörner, Rosmarin

Moschari me melitsanes

1 kg Fleisch vom Kalb oder Rind
in große Würfel geschnitten
1 kg Auberginen
200 g Butter
2 Zwiebeln kleingeschnitten
500 g Tomaten geschält und zerkleinert
Salz, Pfeffer

Fleischragout mit Zwiebeln

Das Fleisch in große Würfel schneiden, in ein Gefäß legen und mit der Marinade übergießen. Zugedeckt einen Tag im Kühlschrank aufbewahren.
Die Fleischstücke aus der Marinade nehmen, mit Küchenkrepp abtrocknen und in einem großen Schmortopf in heißem Öl anbraten. Die gehackte Zwiebel beifügen.
Die Marinade 10 Minuten kochen, durch ein Sieb geben und über das Fleisch gießen.
Die Tomaten, Salz, Pfeffer, den Rotwein und 4 dl heißes Wasser beifügen. Bei leichtem Feuer, zugedeckt kochen, bis das Fleisch weich ist.
Separat die Schalotten mit kochendem Wasser überbrühen, schälen und an der Wurzel kreuzweise einschneiden, damit sie nicht aufspringen. Durch das Abbrühen der Zwiebeln wird die Haut erweicht und sie reizen die Augen nicht mehr. In einer Pfanne die Butter erhitzen, die Schalotten, den Knoblauch und eine Tasse Wasser beifügen, salzen und zugedeckt kochen, bis sie halbgar sind. Diese Mischung dem Fleisch beifügen und alles noch solange kochen, bis die Flüssigkeit fast aufgesogen ist (ca. 20 Minuten).
Zum Schluß noch die gehackte Petersilie dazugeben.

Fleisch mit Auberginen

Man reinigt die Auberginen und schneidet sie in nicht zu kleine Stücke (schmale, lange Auberginen in 3–4 Stücke, große, runde Auberginen in Viertel oder Achtel teilen).
Die geschnittenen Auberginen legt man in eine Schüssel mit Salzwasser.
Die Hälfte der Butter erhitzen, das Fleisch salzen, pfeffern, zugeben und anbraten. Die Zwiebel zufügen; etwas andünsten, dann die Tomaten beifügen und aufkochen lassen.
4 dl Wasser zugeben und leise 1 1/4 Stunde kochen lassen (festes Rindfleisch ca. 2 Stunden), bis die Flüssigkeit eingedickt ist.
Die Auberginenstücke nach 20 Minuten aus dem Salzwasser nehmen, kurz abspülen und auf Küchenkrepp abtrocknen. Dann in der restlichen Butter scharf braten.
Vorsichtig auf das Fleisch legen, salzen, pfeffern und 20 Minuten bei mittlerer Hitze weiterkochen lassen, bis nur noch etwas eingedickte Soße übrig ist.

Hase mit Zwiebeln

Den Hasen in Portionen zerschneiden, mit Essigwasser waschen. In ein Gefäß legen und mit der Marinade übergießen. Zugedeckt wenigstens 2 Tage im Kühlschrank aufbewahren.

Die Hasenfleischstücke aus der Marinade nehmen, abtrocknen und in einer großen Pfanne mit Öl und Butter goldgelb anbraten. Aus der Pfanne nehmen und in einen Bräter legen. In der Pfanne die feingehackten Zwiebeln und Knoblauchzehen weichbraten und mit den kleinen Zwiebeln dem Hasenfleisch beifügen.

Die Marinade 10 Minuten kochen, durchsieben und über das Fleisch und die Zwiebeln gießen. Die Tomaten, Salz und Pfeffer beifügen und im Ofen bei kleinem Feuer zugedeckt garen, etwa 2 $\frac{1}{2}$ Stunden, bis das Fleisch weich und die Soße eingedickt ist.

Kaninchen mit Zwiebeln

Genau wie bei dem Rezept „Laghos stifado" vorgehen. Das Fleisch braucht aber nur einen Tag in der Marinade zu liegen.

Laghos stifado

1 Hase
Essig
1 dl Olivenöl
200 g Butter
1 Zwiebel feingehackt
2 Knoblauchzehen feingehackt
1 kg kleine Zwiebeln geschält
500 g Tomaten geschält und zerkleinert
Salz, Pfeffer

Marinade:
1 Zwiebel in Scheiben geschnitten
1 Karotte in Scheiben geschnitten
4 EL Essig
4–6 dl Rotwein
1 Lorbeerblatt, Pfefferkörner
1 Zweig Rosmarin, eventuell getrocknete Rosen
1 Stange Sellerie

Kouneli stifado

Kreas me patates kokinisto

1 kg Rinds- oder Kalbsbraten in große
Würfel geschnitten
125 g Butter
2 mittelgroße Zwiebeln feingehackt
1 Lorbeerblatt
5 ganze Nelken
3 Knoblauchzehen feingehackt
500 g geschälte Tomaten
Salz, Pfeffer, Oregano
1 kg Kartoffeln geschält und geviertelt

Ragout aus Fleisch mit Kartoffeln und Tomaten

Die Butter in einem Schmortopf erhitzen und das Fleisch darin anbraten. Die Zwiebeln, Lorbeerblatt, Nelken, Oregano und den Knoblauch beifügen und einige Minuten schmoren. Salz, Pfeffer, die Tomaten und soviel Wasser beifügen, daß das Fleisch bedeckt ist. Zugedeckt leicht kochen lassen (ca. 1 1/2 Stunden), bis das Fleisch weich ist. Die Kartoffeln beifügen, evtl. Wasser nachgießen, und noch ca. 20 Minuten kochen, bis sie gar sind und der Saft eingedickt ist.

Sofrito

1 kg Kalbfleisch aus der Lende oder
Schulter in etwa 1 cm dicke Scheiben
geschnitten
1 dl Olivenöl
Mehl zum Wenden
Salz, Pfeffer
4–5 Knoblauchzehen feingehackt
Petersilie gehackt
2 EL Essig
3 dl warmes Wasser

Kalbfleischspezialität aus Korfu (4–6 Personen)

Das Fleisch in Mehl wenden und in einem Topf in dem erhitzten Öl von beiden Seiten goldgelb anbraten. Dann die gehackten Knoblauchzehen, Essig und Wasser, Salz, Pfeffer und die gehackte Petersilie beifügen. Zugedeckt bei schwachem Feuer kochen, bis das Fleisch gar und der Saft eingedickt ist.
Man reicht dazu Reis oder Kartoffelpüree.

Kotopoulo lemonato

2 Hähnchen ca. 900–1000 g
1 kg Kartoffeln
Rosmarin, Salz, Pfeffer
2 zerdrückte Knoblauchzehen
1 EL Margarine

Hähnchen mit Kartoffeln und Zitrone (3–4 Personen)

Hähnchen wie gewohnt vorbereiten; mit Salz, Pfeffer, Rosmarin, den zerdrückten Knoblauchzehen und Zitronenschale innen und außen gut einreiben. Etwas Paprika darüberstäuben. Die Kartoffeln schälen und halbieren. Die Hähnchen und die Kartoffeln in eine feuerfeste Form geben.
Margarine und Zitronensaft in einer Pfanne erwärmen, über das Hähnchen und die Kartoffeln geben. Die Kartoffeln salzen und pfeffern. Soviel Wasser zugeben, daß nur noch die Kartoffelspitzen herausschauen.
Bei ca. 225° etwa 1 Stunde im Backofen braten, eventuell etwas Wasser nachgießen.

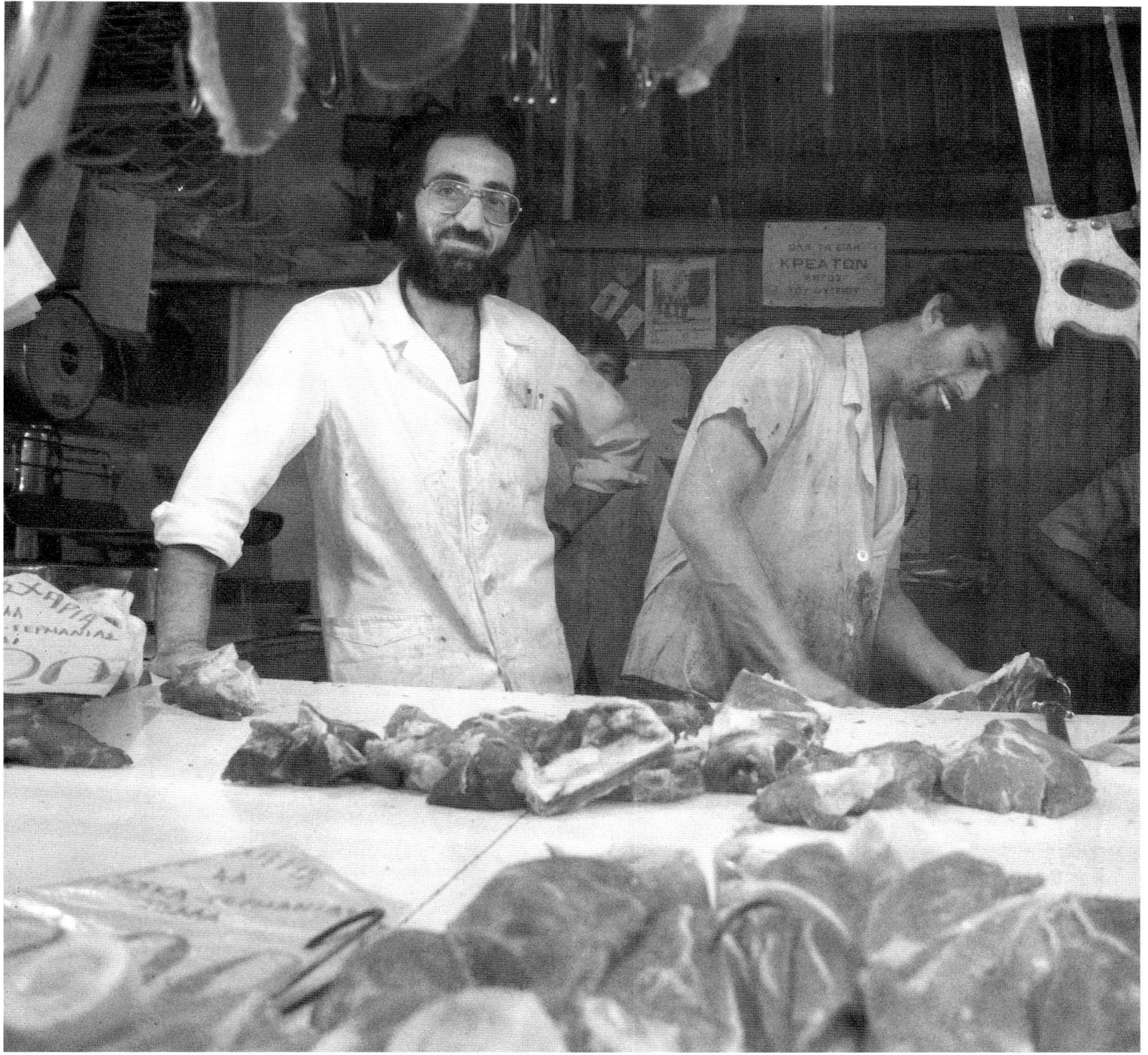

Soßen
Saltses

Saltsa bechamel

4 EL Butter
6 EL Mehl
1 TL Salz
Pfeffer
etwas Muskatnuß, nach Geschmack
4 dl Milch
2 Eier

Béchamelsoße

Die Butter bei kleinem Feuer schmelzen, Mehl, Salz, Pfeffer und Muskat beifügen und so lange rühren, bis eine homogene Masse entstanden ist. Vom Feuer nehmen und unter ständigem Rühren die Milch zugeben. Auf kleinem Feuer leicht kochen lassen, bis die Soße glatt und dick ist. Die Soße vom Feuer nehmen und die geschlagenen Eier unter ständigem Rühren unterziehen.
Die Béchamelsoße wird für eine Reihe von Rezepten benötigt.

Skordalia

5 Knoblauchzehen
1 TL Salz
1 altbackenes Brötchen (oder 2 mittel-
große, gekochte Kartoffeln)
1 dl Olivenöl
1/2 dl Essig

Knoblauchsoße (ca. 6 Personen)

Die geschälten Knoblauchzehen mit dem Salz in einem Mörser zerstoßen. Das Brötchen einweichen, ausdrücken und zum zerstoßenen Knoblauch geben. Gut verarbeiten, bis eine homogene Masse entsteht. Nach und nach das Olivenöl und den Essig zugeben. Man geht dabei vor wie bei der Herstellung von Mayonnaise.
Man schlägt die Masse so lange, bis sie zartcremig ist. Skordalia reicht man zu gebratenem und gekochtem Fisch sowie zu gebratenen Auberginen und Zucchini.

Saltsa tomata

1 kg Tomaten geschält und zerkleinert
1 Zwiebel feingehackt
2 Stückchen Stangenzimt
2 EL Butter
Salz, Pfeffer

Tomatensoße (I)

Alle Zutaten in einem Topf bei schwacher Hitze und unter gelegentlichem Rühren kochen und cremig eindicken lassen.
Die Soße wird für verschiedene Speisen verwendet, wie z. B. Teigwaren oder Reis.

Saltsa tomata

1 kg Tomaten geschält und zerkleinert
1 Zwiebel feingehackt
1 Knoblauchzehe feingehackt
1 TL Basilikumblätter frisch, feingehackt
und je nach Geschmack etwas (wenig):
Oregano, Majoran und Thymian
1 Prise Zucker
2 EL Butter
Salz, Pfeffer

Tomatensoße (II)

Zwiebel in einem Topf, in der Butter andünsten. Alle übrigen Zutaten dazugeben und bei schwacher Hitze und gelegentlichem Rühren kochen und cremig eindicken lassen, mit etwas Zucker abschmecken.
Die Soße wird für verschiedene Speisen verwendet, wie z. B. Teigwaren oder Reis.

Saltsa tomata

1 kg Tomaten geschält und zerkleinert
1 Ziebel feingehackt
2–3 Knoblauchzehen feingehackt
1 TL Petersilie feingehackt
1 TL Selleriegrün feingehackt
3 EL Butter
2 bis 4 dl Fleischbrühe
Salz, Pfeffer

Tomatensoße (III)

Zwiebel und Knoblauch in einem Topf, in der Butter leicht andünsten. Alle übrigen Zutaten dazugeben, zudecken und bei schwacher Hitze und gelegentlichem Rühren lange kochen und cremig eindicken lassen. Die Soße wird für verschiedene Speisen verwendet, wie z. B. Teigwaren oder Reis.

Tomatensoße mit Hackfleisch

Zwiebel und Knoblauch in einem Topf, in der Butter leicht andünsten. Das Fleisch, Salz, Pfeffer und Oregano beifügen und einige Minuten mit einer Gabel rühren. Die Tomaten und den Wein beigeben und bei schwacher Hitze und gelegentlichem Rühren lange kochen und cremig eindicken lassen. Zum Schluß noch die gehackte Petersilie darüberstreuen.

Saltsa me kima

50 g Butter
1 Zwiebel feingehackt
1 Knoblauchzehe feingehackt
300 g Hackfleisch
Salz, Pfeffer, Oregano
1 dl Rotwein
500 g Tomaten geschält und zerkleinert
1 TL Petersilie feingehackt

Dessert
Glyka

Halvas

400 g Grieß
225 g Butter
450 g Zucker
6 dl Milch
4 dl Wasser
50 g geschälte Mandeln in feine Stifte
geschnitten
2–3 Zimtstangen
Schale von einer Zitrone
2–3 Gewürznelken

Grießpudding mit Mandeln

Die Milch, das Wasser, den Zucker und die Gewürze 2 Minuten kochen und heiß stellen. In einem großen Topf die Butter erhitzen, den Grieß zugeben und unter Rühren blond rösten. Die Mandeln dazugeben und weiterrühren, bis der Grieß leicht gebräunt ist. Vom Feuer nehmen und mit einem Tuch bedecken, 10 Minuten ruhen lassen. In eine Puddingform geben und festpressen. Nach dem Erkalten auf eine Platte stürzen und mit Zucker und Zimt bestreuen.
In vielen Häusern wird der Halva aus dem Topf mit einem Eßlöffel abgestochen und eiförmig angerichtet (Portionen).
Halva ist auf Kindergeburtstagen eine beliebte Süßspeise!

Risoghalo

4 dl Wasser
200 g Reis (Milchreis)
1 l Milch
2 EL Speisestärke (Mondamin/
Maizena etc.)
2 Eigelb
2 Päckchen Vanillezucker
150 g Zucker

Milchreis (5–6 Personen)

Das Wasser zum Kochen bringen, den Reis zugeben, umrühren und 10 Minuten kochen. Die Milch zugießen und noch 20 Minuten kochen lassen. Ab und zu umrühren. Dann den Zucker, den Vanillezucker und die mit etwas Wasser angerührte Speisestärke zufügen. Noch etwa 10–15 Minuten leicht kochen lassen. Vom Feuer nehmen und das verquirlte Eigelb unterziehen. Noch einmal 2 Minuten auf die Flamme stellen und unter ständigem Rühren kochen lassen. In kleine Schalen füllen (Portionen) und vor dem Servieren mit Zimt bestreuen.

Eierpfannkuchen

Das Mehl mit Backpulver, Salz und Vanillezucker mischen. Die Eier mit der Milch und dem Zucker schlagen und mit dem Mehl zu einem dickflüssigen Teig rühren. Den Sirup vorbereiten und heiß stellen. Das Fett in einer großen Pfanne erhitzen und den Teig löffelweise in das heiße Fett geben.
Bei schwachem Feuer auf beiden Seiten goldgelb backen. Auf einem Küchenkrepp abtropfen lassen und mit Sirup und Zimt heiß servieren.

Zubereitung des Sirups:
Den Zucker, das Wasser und die Zitronenschale zum Kochen bringen und etwa 5 bis 8 Minuten kochen lassen.
Statt mit Sirup, kann man die Tighanites auch mit Puderzucker und Zimt essen.

Tighanites

250 g Mehl
4 TL Backpulver
1/2 TL Salz
3 Päckchen Vanillezucker
2 dl Milch
4 Eier
100 g Zucker
Zum Ausbacken: Öl oder Butter

Für den Sirup:
400 g Zucker
4 dl Wasser
Schale von einer Zitrone
Zimt zum Bestreuen

Gefüllter Blätterteig

Milch mit der Zitronenschale und der Prise Salz zum Kochen bringen, den Grieß einrühren und quellen lassen. Eier, Zucker und Vanillezucker schlagen und unter den Grießbrei heben, auf kleinem Feuer rühren, bis die Eier binden. Vom Feuer nehmen und kalt stellen. Die Zitronenschale herausnehmen, ab und zu umrühren, daß keine Haut entsteht.
Eine Auflaufform buttern, den Blätterteig dünn ausrollen und in zwei Schichten die Form damit auslegen. Jede Schicht mit flüssiger Butter bestreichen. Dann den Grießbrei auffüllen, die überstehenden Ränder über die Füllung legen, die Oberfläche mit Butter bestreichen und wieder mit 1–2 Lagen dünn ausgerolltem Blätterteig belegen. Mit einem spitzen Messer Portionen einritzen. Bei Mittelhitze goldgelb backen.
Die Bougatsa wird heiß mit Zucker und Zimt bestreut serviert.

Bougatsa

1/2 l Milch
Schale von einer Zitrone
100 g Weizengrieß
100 g Zucker, 1 Prise Salz
2 Eier
1 Päckchen Vanillezucker
300 g Blätterteig
etwas Butter
Zucker und Zimt zum Bestreuen

Gebäck und Kuchen
Koulourakia

Kata-i-fi

1 kg Kata-i-fi-Teig
500 g Mandeln grob gehackt
250 g Butter
1 TL Zimt
2 Eier
4 EL Zucker

Für den Sirup:
1 ¹/₂ kg Zucker
ca. 1 l Wasser
1 Zitronenschale
1 TL Zitronensaft

Nußrolle in Faden-Blätterteig

Kata-i-fi-Teig kann nicht zu Hause zubereitet werden. Auch die griechische Hausfrau kauft diesen Teig (wie auch den Teig aus Blättern, den man aber mit dem hier erhältlichen Tiefkühl-Blätterteig ganz gut ersetzen kann) in einem Spezialgeschäft. Man bekommt ihn manchmal auch in den griechischen Lebensmittelgeschäften, die es ja in sehr vielen Orten gibt. Ansonsten muß dieses Rezept ein Exote bleiben.

Mandeln, Zimt, Zucker und Eier mischen. Man nimmt ein wenig Kata-i-fi-Teig und zupft ihn auseinander. Einen Löffel der Mischung auf das Ende geben und den Teig wie eine Zigarette aufrollen, daß sich ein Zylinder bildet (Durchmesser ca. 3 cm).
Zu Anfang fest rollen, damit die Mischung nicht herauskommt. Die einzelnen, so gerollten Stücke auf ein gebuttertes Backblech legen und dazwischen Abstand lassen. Dann die Butter erhitzen und jedes Kata-i-fi-Stück damit übergießen. Bei mittlerer Hitze etwa 30 Minuten backen.

In der Zwischenzeit wird der Sirup gekocht.
Den Zucker, das Wasser und die Zitronenschale ungefähr 5–10 Minuten kochen, dann den Zitronensaft dazugeben und noch 5 Minuten kochen lassen. Der Sirup darf nicht zu flüssig sein (notfalls etwas länger kochen). Zum Schluß die heißen Kata-i-fi-Stücke mit dem heißen Sirup übergießen. Zudecken und abkühlen lassen.

Nußtaschen

Man schlägt die Butter schaumig und gibt nach und nach das Wasser zu. Das Soda in dem Orangensaft auflösen und dann mit dem Ouzo nach und nach zu der Butter geben. Das Backpulver mit etwas Mehl mischen und unterrühren. Soviel Mehl zugeben, daß ein weicher, nicht klebriger Teig entsteht, der sich gut auswallen läßt.

Für die Füllung gibt man den Honig, die Walnüsse, Zimt, Nelke und Mandarinenschale in einen Topf und kocht unter Rühren einen dicklichen Sirup.

Sodann rollt man den Teig 1 cm dick aus, sticht Kreise von ca. 10 cm Durchmesser aus, gibt auf jeden Kreis einen gehäuften Teelöffel von der Füllung und klappt die eine Seite so darüber, daß Halbmonde entstehen. Dann klebt man die Ränder (evtl. mit Eiweiß) gut zusammen und legt das Gebäck auf ein gefettetes Backblech. Backzeit bei mittlerer Hitze ca. 20 Minuten. Danach mit Rosenwasser besprühen und reichlich Puderzucker darüberstreuen.

Skaltsounia werden hauptsächlich in der Weihnachtszeit gebacken.

Butter-Bisquits

Butter und Zucker schaumig rühren, das Ei und die Eigelb beifügen und unterrühren. Das gesiebte Mehl mit dem Backpulver mischen, alles zu einem weichen Teig verarbeiten; etwa 1 Stunde kühl stellen. Aus dem Teig kleine Ringe formen, auf ein gefettetes Backblech legen und mit dem verquirlten Ei bestreichen. Im Backofen bei schwacher Hitze 10–12 Minuten backen.

Ergibt ca. 40 Stück.

Skaltsounia

100 g Butter
1 dl Wasser
1 dl Ouzo
1 dl Orangensaft
1 TL Soda
1/2 TL Backpulver
Mehl nach Bedarf
Rosenwasser
Puderzucker

Für die Füllung:
150 g Honig
375 g Walnüsse, grob zerkleinert
1 TL Zimt
1 TL gemahlene Nelke
Abgeriebenes von einer Mandarinenschale

Koulourakia outiro

200 g Butter
175 g Zucker
1 Ei
2 Eigelb
400 g Mehl
2 TL Backpulver
1 verquirltes Ei zum Bestreichen

Pasteli

400 g Nußkerne grob gehackt
100 g Paniermehl
150 g Honig
200 g Zucker
Orangenblütenwasser
Sesamkerne

Kourambiedes

450 g Butter
450 g Mehl
450 g Mandeln geschält und geröstet
200 g feiner Zucker
2 Eigelb
1 EL Pottasche
1/2 dl Weinbrand
etwas Rosenwasser
500 g Puderzucker zum Wälzen

Loukoumades

500 g Mehl
30 g Hefe
4 dl warmes Wasser
1/2 TL Salz
Zum Ausbacken: Öl oder Fritierfett

Für den Sirup:
400 g Zucker
200 g Honig
2 dl Wasser
Zimt zum Bestreuen

Honig-Nuß-Häppchen

Die Nüsse mit dem Paniermehl mischen. Den Zucker mit dem Honig in eine Gieß-pfanne geben und kochen, bis eine feste dicke Masse entstanden ist. Vom Feuer nehmen und mit der Paniermehl-Nußmischung vermengen.
Eine Marmorplatte/Porzellanplatte mit Orangenblütenwasser benetzen, Sesamkerne darüberstreuen und darauf die Masse etwa 1 cm dick verteilen, glatt streichen. Mit Orangenblütenwasser bepinseln und mit Sesamkernen überstreuen.
Ca. 2 Stunden ruhenlassen. In kleine Rechtecke schneiden. Zugedeckt im Kühlschrank aufbewahren.

Mandelgebäck

Die Butter schaumig rühren. Zucker und Eigelb beigeben und weiterrühren. Danach Pottasche, Mandeln und nach und nach das Mehl zugeben. Zu einem glatten Teig ver-arbeiten, der sich gut formen läßt. Aus dem Teig bildet man eine Wurst von etwa 2 cm Durchmesser, daraus werden Stücke von ca. 5 cm Länge geschnitten und die Enden davon mit der Hand abgerundet. Auf einem gefetteten Backblech bei 175° ca. 20 Minuten backen. Anschließend mit Rosenwasser besprühen und noch heiß in Puder-zucker wälzen. Der Puderzucker muß eine dicke Schicht um das Gebäck bilden.

Honigkugeln

Das Mehl in eine Schüssel geben und mit dem Salz vermischen, in die Mitte eine Ver-tiefung drücken. Die Hefe in etwas warmem Wasser auflösen und in die Vertiefung geben. Das Ganze unter weiterer Zugabe von warmem Wasser zu einem dickflüssigen Teig verarbeiten. Den Teig zudecken und an einem warmen Ort zum doppelten Volumen gehen lassen (ca. 1 1/2 Std.), bis er anfängt Blasen zu werfen. In der Zwischen-zeit den Sirup, wie unten beschrieben, zubereiten und heiß halten.
In einem Fritiertopf das Öl erhitzen, den Teig mit zwei Teelöffeln abstechen und in das heiße Öl fallen lassen. Backen, bis die Loukoumades aufgegangen und goldgelb sind. Mit einem Schaumlöffel aus dem Öl nehmen und in ein großes Sieb geben, welches man vorher mit Küchenkrepp ausgelegt hat.

Zubereitung des Sirups:
Den Zucker, den Honig und das Wasser zusammen kochen lassen, bis es zum Sirup gebunden ist. Die Loukoumades heiß mit dem Sirup übergießen, mit Zimt bestreuen und sofort servieren.

Baklavas

500 g Blätterteig
500 g Walnußkerne oder Mandeln
grob gehackt
100 g Paniermehl
100 g Zucker
250 g geschmolzene Butter
1 TL gemahlener Zimt
1 Messerspitze gemahlene Nelken

Für den Sirup:
300 g Zucker
200 g Honig
1 Stange Zimt
5–6 ganze Nelken
4 dl Wasser

Nußkuchen mit Sirup

Die Nüsse mit dem Zucker, dem Paniermehl, dem Zimt und den Nelken mischen. Den Teig sehr dünn ausrollen und der Backform entsprechend in wenigstens fünf gleich große Stücke teilen. Den Boden einer gebutterten Auflaufform, ca. 30 x 20 cm, mit einem Teigblatt auslegen, mit flüssiger Butter bestreichen (man kann den Vorgang noch 1–2 mal wiederholen, dazu muß der Teig aber sehr dünn ausgerollt sein!).

Das obere Teigblatt mit einem Teil der Nußmischung bestreuen und darüber ein Teigblatt geben, nochmals buttern, dann den Rest der Füllung darüber verteilen. Die letzte Schicht sollte aus 2–3 gebutterten Teigblättern bestehen. Die Oberfläche mit Butter bestreichen und mit einem spitzen Messer auf der ganzen Länge in Rauten einschneiden. Etwas Wasser darübersprühen und im Ofen bei 150° backen (bis die Oberschicht goldgelb ist).

für den Sirup:
Den Zucker, Honig, Zimt, die Nelken und das Wasser ca. 10 Minuten kochen. Den Sirup noch heiß über den gebackenen Baklava gießen.
Vor dem Servieren sollte der Baklava unbedingt einige Stunden ruhen.
Ergibt ca. 30 Stücke.

Galaktoboureko

Für die Creme:
1 Liter Milch
300 g Zucker
125 g feiner Grieß
5 Eier
3 EL Butter
2 Päckchen Vanillezucker
500 g Blätterteig
125 g Butter für den Teig

Für den Sirup:
700 g Zucker
5 dl Wasser
Die Schale von einer Zitrone
1 EL Zitronensaft

Milchcremtorte

Die Milch aufkochen, den Grieß unter Rühren dazugeben und unter ständigem Rühren weiterkochen, bis die Masse fest ist. Die Eier, den Zucker und den Vanillezucker schlagen und unter ständigem Rühren in die Mischung geben. Die Butter dazugeben, gut durchrühren und abkühlen lassen. Zwischendurch wieder rühren, damit sich keine Haut bildet.

Den Teig sehr dünn ausrollen und der Backform entsprechend in wenigstens fünf gleichgroße Stücke teilen. Den Boden einer gebutterten Auflaufform, ca. 30 x 20 cm, mit einem Teigblatt auslegen, mit flüssiger Butter bestreichen (man kann den Vorgang noch 1–2 mal wiederholen, dazu muß der Teig aber sehr dünn ausgerollt sein!). Die Creme hineingeben und den Rand vom Blätterteig darüber schließen. Eine zweite Lage Blätterteig darüberlegen und mit etwas Butter bestreichen. Mit Wasser befeuchten und bei ca. 175°C 30 Minuten backen.

In der Zwischenzeit wird der Sirup wie folgt zubereitet:
Das Wasser mit dem Zucker und der Zitronenschale 5 Minuten lang kochen lassen, die Schale herausnehmen und den Zitronensaft dazugeben. Weiterkochen lassen, bis es bindet, ca. 5 Minuten. Sobald der Kuchen fertig ist, wird er heiß mit dem Sirup übergossen.

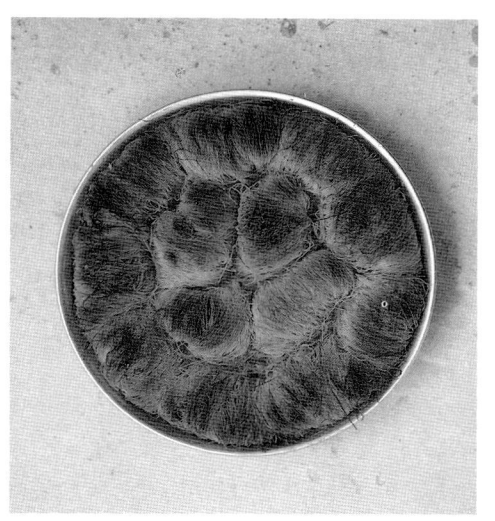

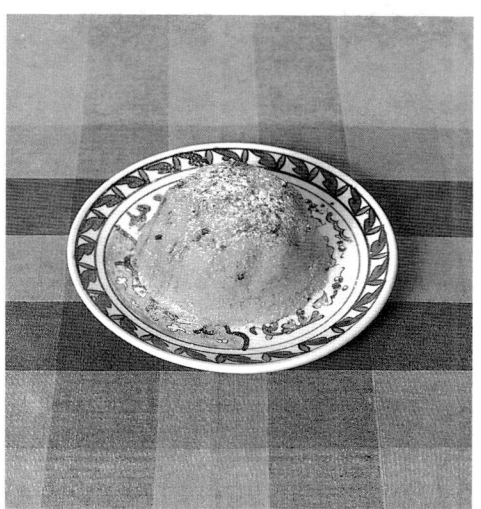

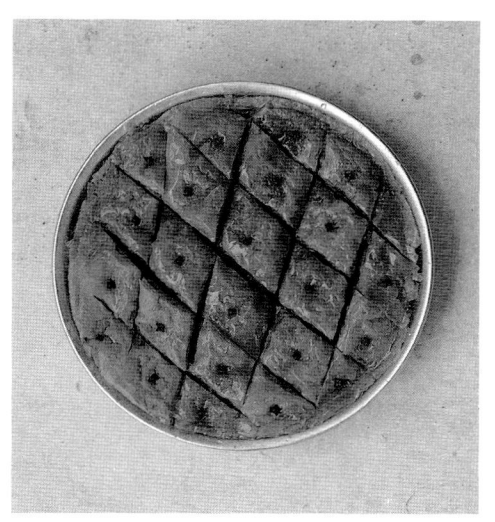

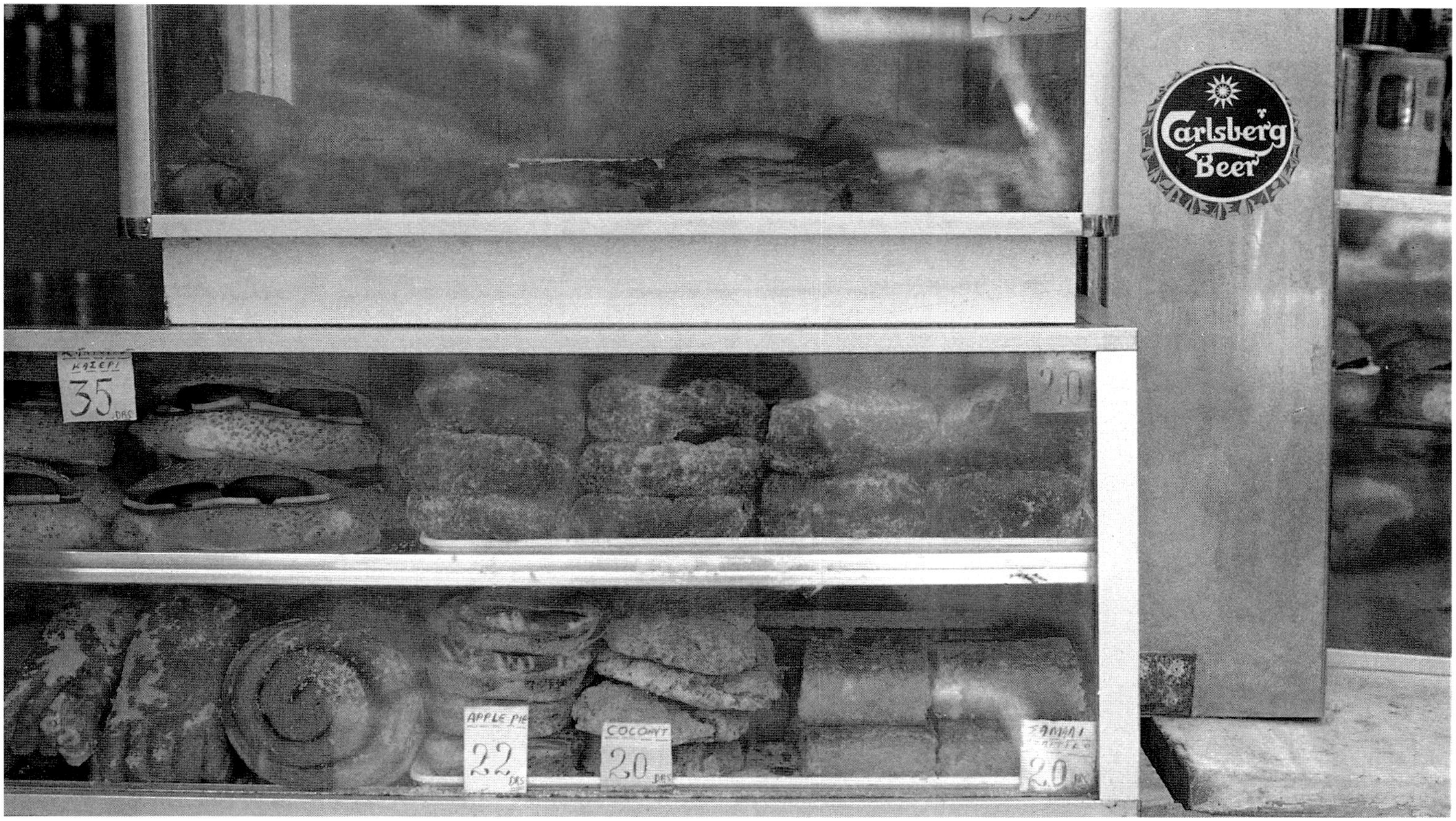
Carlsberg
Beer
35
APPLE PIE
22
COCONUT
20
2,0

Osterzopf/Neujahrskuchen

Tsourekia paskalina

1.250 g Mehl
80 g Hefe
2 dl warme Milch
300 g Zucker
5 Eier
1 TL Salz
abgeriebene Zitronenschale (von einer
halben Zitrone)
1 EL Machlepi (aus Griechenland
mitbringen)
oder ersatzweise 1 EL Anis
225 g geschmolzene Butter
Sesam oder Mandelblättchen zum
Bestreuen

Osterzopf

Zu Ostern und zu Weihnachten wird in jedem griechischen Haushalt Gebäck zubereitet. Es ist eine sehr lange Tradition, welche vor allem dann nicht fehlen darf, wenn Kinder im Hause sind. Auch als Gast oder Besucher wird man in dieser Zeit obligatorisch mit diesem Gebäck versorgt. Für jedes Kind der Verwandtschaft wird ein Zopf bereitgestellt, der dann auch vor dem Feiertag abgeholt wird.
Jeder Grieche verbindet diese Feiertage mit Kindheitserinnerungen an die Gerüche während der nächtlichen Vorbereitungen und an die fertigen Tsourekia.

Unvergeßlich bleiben für mich auch die Nächte, als ich mit meiner Schwiegermutter den Teig für die Tsourekia vorbereitete. Gegen Abend wurde die Küche ordentlich geheizt, die Zutaten bereitgestellt und der Vorteig gemacht. Beim Gehen des Vorteigs durfte niemand eine Tür zur Küche öffnen. Nach etwa 1 1/2 Stunden war der Teig an der Reihe. Wenn man ihn schön glatt und geschmeidig geknetet hatte, ließ man ihn gehen, und morgens gegen fünf Uhr wurde er dann endgültig verarbeitet und gebacken.

Machlepi oder Anis in wenig Wasser aufkochen, durch ein Sieb geben und 1 dl des Kochwassers aufheben. Die Hefe in warmer Milch auflösen, ca. 75 g Mehl daruntermischen und zu einem lockeren Vorteig verrühren. Warm stellen und aufgehen lassen (ca. 1 1/2 Stunden). In einer Teigschüssel (Lekani) das Mehl, das Salz, den Zucker, die geriebene Zitrone, das Wasser aus dem Machlepi bzw. Anis, die Eier und die Butter mit dem Vorteig zu einem glatten geschmeidigen Teig verarbeiten. Die Schüssel gut abdecken und an einem gut warmen Ort gehen lassen (mindestens 2 bis 3 Stunden). Anschließend den Teig nochmals gut durchkneten und zu einer Wurst formen (ca. 2 cm Durchmesser). In drei gleich lange Stücke schneiden und zu einem losen Zopf flechten.
Man kann den Teig auch zu kleinen Ringen formen und ein hart gekochtes, rot gefärbtes Ei in die Mitte legen.

Die fertig geflochtenen Zöpfe abdecken und nochmals ca. 1 bis 2 Stunden gehen lassen. Anschließend mit Eigelb bestreichen und mit Sesam oder Mandelblättchen bestreuen. Bei mäßiger Hitze (ca. 180°) etwa 30 Minuten backen.

Parallel zum Osterzopf wird für den Silvesterabend, bei dem in Griechenland der Agios Vassilios gefeiert wird, ein Kuchen, die Vassilopita, gebacken, in dem ein Geldstück steckt. Beim Aufteilen des Kuchens nach dem Festmahl ist besonders unter den Kindern die Spannung groß, wem das Teil mit der Münze und somit Glück für das ganze Jahr zufällt. Auch Schutzheilige und abwesende Familienmitglieder werden bei dem Aufteilen bedacht.

Neujahrskuchen

Der Teig wird genauso zubereitet wie der Osterzopf, jedoch ohne Machlepi oder Anis. Das Geldstück wird im Teig versteckt. Den Teig in eine runde Backform geben und darauf achten, daß etwa die Hälfte der Formhöhe frei bleibt, damit der Teig noch gehen kann. Das Ganze zudecken und an einem warmen Ort zum doppelten Volumen gehen lassen. Anschließend mit Eigelb bestreichen, die gemahlenen Mandeln, mit Zucker gemischt, darüberstreuen und bei mäßiger Hitze 30 Minuten backen.

Vassilopita

1250 g Mehl
80 g Hefe
2 dl warme Milch
400 g Zucker
8 Eier
1 TL Salz
abgeriebene Zitronenschale (von einer halben Zitrone)
das gleiche von einer halben Orange
350 g geschmolzene Butter
80 g gemahlene Mandeln
3 TL Zucker

Neujahrskuchen auf Konstantinopel Art

Der Teig wird genauso zubereitet wie der Osterzopf. Das Geldstück wird im Teig versteckt. Den Teig in eine runde Backform geben und darauf achten, daß etwa die Hälfte der Formhöhe frei bleibt, damit der Teig noch gehen kann. Das Ganze zudecken und an einem warmen Ort zum doppelten Volumen gehen lassen. Anschließend mit Eigelb bestreichen, den Sesam darüberstreuen und bei mäßiger Hitze 30 Minuten backen.

Vassilopita politiki

1250 g Mehl
80 g Hefe
2 dl warme Milch
400 g Zucker
8 Eier
1 EL Machlepi oder Anis
1 TL Salz
350 g geschmolzene Butter
4 EL Sesam zum Bestreuen

Süssigkeiten vom Löffel
Glyka tou koutaliou

Es ist in Griechenland Brauch, dem Gast schon kurz nach seiner Ankunft Süßigkeiten anzubieten, um ihn so willkommen zu heißen. Je nach dem Rang des Besuchers folgt darauf ein *kafedaki* (Kaffeechen) und vielleicht noch ein Likör, jedesmal von einem Glas Wasser begleitet. Es wäre ein Zeichen schlechten Benehmens, würde man versuchen, sich dieser Zeremonie zu entziehen, da es die Gastgeberin als Ehre ansieht, das Glyko selbst herzustellen und nicht einfach zu kaufen.

Leider geht diese gute alte Sitte in den großen Städten langsam verloren, aber auf dem Lande und den Inseln, wo die Gastfreundschaft besonders herzlich ist, wird sie noch in Ehren gehalten.

Fraula glyko

1 kg Erdbeeren
1 kg Zucker
2 dl Wasser
3 bis 4 Zitronen für die Marinade
1 TL Zitronensaft

Erdbeeren in Sirup

Man wählt große, feste Erdbeeren. Die Früchte gut waschen. Dann gibt man die Erdbeeren in eine große Schüssel und beträufelt sie mit dem Saft der Zitronen. Das Ganze 3 bis 4 Stunden stehen lassen. Danach das Wasser und den Zucker in einen großen Topf geben und gut rühren, bis sich der Zucker auflöst. Wasser und Zucker alleine kochen lassen, bis der Sirup gebunden ist. Danach die Erdbeeren abtropfen lassen und in den Sirup geben, 5 bis 8 Minuten kochen lassen. Das Ganze vom Feuer nehmen und mit dem Schaumlöffel die Erdbeeren vorsichtig herausheben. Den Sirup nochmals auf das Feuer geben und kochen lassen, bis er fest bindet. Während des Kochens abschäumen. Danach die Erdbeeren und 1 TL Zitronensaft dazugeben, kurz aufkochen lassen. Nach dem Erkalten in Einmachgläser abfüllen und verschließen.

Kidoni glyko

1 kg Quitten
1 kg Zucker
4 dl Wasser
2 Päckchen Vanillezucker
1 TL Zitronensaft
100 g geschälte Mandeln halbiert oder in
Stifte geschnitten

Vissino glyko

1 kg Sauerkirschen
1 ¹/₄ kg Zucker
2 dl Wasser
1 TL Zitronensaft

Vissinada

Triantafilla glyko

500 g Rosen
1 kg Zucker
4 dl Wasser
3 TL Zitronensaft

Quitten in Sirup

Die Quitten gut waschen, schälen und auf einer groben Reibe raffeln. Die Quitten in einen großen Topf geben, das Wasser dazugießen und zugedeckt bei schwacher Hitze kochen, bis sie weich sind. Danach den Zucker beifügen und unter ständigem Rühren bei starker Hitze schnell binden lassen, damit die Quitten eine goldene Farbe annehmen und nicht rot werden. Gegen Ende der Kochzeit den Zitronensaft, Vanillezucker und die Mandeln dazugeben und gut durchrühren.
In Einmachgläser abfüllen und verschließen.

Kirschen in Sirup

Die Kirschen gut waschen, Stiele entfernen und entsteinen.
Dann gibt man die Kirschen in einen großen Topf und zwar eine Schicht Kirschen, eine Schicht Zucker. Das Ganze 3 bis 4 Stunden stehen lassen. Danach das Wasser beifügen und bei starker Hitze schnell binden lassen. Während des Kochens abschäumen. Gegen Ende der Kochzeit den Zitronensaft dazugeben und kurz aufkochen lassen. In Einmachgläser abfüllen und verschließen.

Kirschsirup

Der eingekochte Kirschsirup ergibt, mit kaltem Wasser gemischt, ein herrlich erfrischendes Getränk – die Vissinada, welches in Griechenland sehr gerne getrunken wird. Um den Saft für die Vissinada zu gewinnen, gibt man zum obigen Rezept einfach 300 g Zucker zusätzlich. Dadurch entsteht mehr Saft, den man für die Vissinada abnimmt.

Rosenblätter in Sirup

Man wählt große, feste, duftende Rosen, der Duft der Rosen ist sehr wichtig.
Die Blütenblätter abzupfen und in eine Schale mit Wasser legen. Gut auswaschen und mit 200 g Zucker und 1,5 dl Wasser zugedeckt während 15 Minuten leise kochen lassen. Danach den Deckel abnehmen, das restliche Wasser und den Zucker dazugeben und auf starkem Feuer weiterkochen lassen, bis es bindet. Danach abschäumen, den Zitronensaft beifügen und nochmals kurz aufkochen lassen. Vom Feuer nehmen. Nach dem Erkalten in Einmachgläser abfüllen und verschließen.

Biographische Notizen

Elisabeth Kitsakis

ist gebürtige Westfälin aus Hagen. Von Beruf Großhandelskaufmann. Sie lebt heute
nach Aufenthalten in Athen, Genf und Mainz seit 3 Jahren mit ihrer Familie in Bülach
bei Zürich.
Ihr Interesse für das Kunsthandwerk findet bei ihr seine ideale Ergänzung beim
Kochen. Seit ca. 20 Jahren befaßt sie sich intensiv mit der Griechischen Küche, dabei
ist es ihr wichtig, daß die Rezeptur und Zubereitung keine Kompromisse an Ort und
Jahreszeit sind.
Ansonsten ist Elisabeth Kitsakis eine eifrige Kunst- und Theaterfreundin.

Tassos Kitsakis

stammt aus Piräus und ist von Beruf Elektronik-Ingenieur.
Als Ausgleich zu seinem Beruf befaßt er sich seit vielen Jahren mit der Fotografie, in der
letzteren Zeit vermehrt und erfolgreich mit Kunstfotografie.
Seine Bilder wurden mehrere Male in Einzel- und Gruppen-Ausstellungen inter-
national gezeigt.
Weitere Beschäftigungen von Tassos Kitsakis sind Moderne Kunst, Kochen und
Französische Chansons.

Abbildungsverzeichnis

Fotos und Zeichnungen: Tassos Kitsakis

Register deutsch

Register griechisch